よくわかる

# STEAM教育の基礎と実例

**藤岡達也** [編著]

胸組虎胤
熊野善介
大辻永
佐藤真太郎
川真田早苗
堀道雄
秀熊宏弥
中村友香

講談社

執筆者一覧（執筆順）

藤岡達也（編者）　滋賀大学大学院教育学研究科　教授
胸組虎胤　　　　鳴門教育大学大学院学校教育研究科　特命教授
熊野善介　　　　静岡大学名誉教授・特任教授
　　　　　　　　静岡大学 STEAM 教育研究所　副所長
大辻　永　　　　東洋大学理工学部　教授
佐藤真太郎　　　京都ノートルダム女子大学現代人間学部　講師
川真田早苗　　　北陸学院大学人間総合学部　教授
堀　道雄　　　　滋賀県守山市立河西小学校　教諭
秀熊宏弥　　　　滋賀県長浜市立北中学校　教諭
中村友香　　　　株式会社ナリカ　代表取締役社長

# はじめに

　近年，先進諸国を中心に Society 5.0<sup>注1</sup> に生きる世代への教育として，理系総合型の STEM 教育から，より幅広い文理融合型の STEAM 教育が注目されている。これからの日本の学校教育にとっても，この動向を意識せざるを得ない状況である。

　GIGA（Global and Innovation Gateway for All）スクール構想が打ち出され，少しずつ取り組みが始められていたが，2020 年からのコロナ禍によって，ドラスティックな展開が求められるようになった。オンライン授業をはじめとして，ICT 教育と連携した小学校のプログラミング教育の導入から，大学でのデータサイエンス教育まで，すべての教育機関の動きが慌ただしくなりつつある。さらに，文部科学省だけでなく，経済産業省や総務省などオールジャパンで STEAM 教育が推奨されているようにも見える。

　日進月歩の科学技術の発展は，社会や個人の生活に様々な影響を与え，変化させていく。しかし，教育は常に「不易と流行」の両面を備えている。次世代を生きる子供たちにはどのような教育が必要か，いつの時代やどの地域でも模索がなされてきた（もっとも時代や地域によって必要な知識や技能は異なるが）。教育には，有史以来，次世代への変わらない願いと，文明の発達によって変わらざるを得ない部分がある。本書で最も意識したいのは，世界の動向を踏まえながらも，日本の現状に適った STEAM 教育を構築することである。

　もともと STEM 教育はアメリカが発祥であり，現在，日本で STEM 教育，そして STEAM 教育が注目されているのは小学校段階からの導入の内容，方法等に関してである。当然，日本の学校制度で可能なところと難しいところが存在する。

　アメリカが積極的に STEM 教育に取り組んできたのは，世界最強の軍事

---

注 1　サイバー空間（仮想空間）とフィジカル空間（現実空間）を高度に融合させたシステムにより，経済発展と社会的課題の解決を両立する，人間中心の社会（Society）。狩猟社会（Society 1.0），農耕社会（Society 2.0），工業社会（Society 3.0），情報社会（Society 4.0）に続く，新たな社会を指すもので，第 5 期科学技術基本計画（2016 年）において我が国が目指すべき未来社会の姿として提唱された。

兵器の開発が求められる立場にあることも無関係ではない。日本は明治以降、科学技術を「富国強兵」の一端を担うものと考えてきたが、第2次世界大戦後は平和利用へと転換した。しかし、世界は必ずしもそうではない。2022年2月、ロシアのウクライナ侵攻という衝撃的な出来事が生じたが、これまでそのような軍事行動がなかったわけではない。海外では、アメリカやNATO等のSTEMを駆使したとも言える最新科学技術兵器が報道・紹介されている。違った視点から捉えると、STEAM教育は現在の「富国強兵」につながるものであるかもしれない。それだけではなく、ICT産業を活性化し、高度情報通信化社会を構築する点で考えれば、学校は巨大なマーケットとなる。

学校としても電子黒板やデジタル教科書、プログラミング教材から、児童生徒の出席管理や成績管理などの校務上の利便性まで、需要は高い。さらに今日多様な子供たち一人一人に対応する方法としてもICT教育は欠かせない。

様々な経済領域で国際間競争が熾烈となる中、本書では、どのようにSTEAM教育を捉え、なぜ教育にとって必要であるかを現在の日本の視線で考えたい。学校教育現場には、時代のニーズに応える新たな教育活動が期待されている。しかし、これからの時代に身に付けるべき教育内容を、すべて学校や教員に押し付けるのは過酷と言う他はないだろう。教育現場、保護者、地域、そして国が一丸となって協同する、次世代を見据えた制度設計が求められている。

一方で現在、SDGs（持続可能な開発目標）が国際的に取り組まれている。17の目標のうちの一つだけが教育に関連したものに見えるが、実際は教育はすべての目標の実現に不可欠である。それには、STEM教育だけでなく、人間の感性や倫理面なども含めたSTEAM教育のような総合教育が必要となるだろう。本書を手に取り、国際的な動向や国内の経済産業界を見据えながらも、これからの子供たちが将来にわたって幸せに生きていくため、日本の教育の在り方を一考できる機会となれば幸いである。

2022（令和4）年12月　執筆者を代表して
滋賀大学大学院教育学研究科　教授　藤岡達也

# 目次

## 第3章　日本における STEAM 教育の実践展開　101

第 **1** 章

# 日本における
# STEAM教育の背景と
# 国際動向

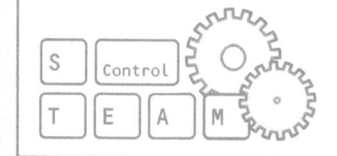

# 1.1 日本の教育界にとって STEM教育，STEAM教育とは何か

藤岡達也

## 1.1.1 現代社会に求められる科学技術の総合教育

STEM教育とは，Science（科学）・Technology（技術）・Engineering（工学）・Mathematics（数学）を連動させた総合的な理系教育を示す。さらにSTEMに（A）rtを加えたSTEAM教育について紹介することが本書のねらいであるが，国際的に見てもAをデザインや感性などと狭く捉える場合から，芸術，文化，生活，経済，法律，政治，倫理等を含めて広く捉える場合まで様々である（STEMからSTEAMへの広がりについては，次節以降で詳細に述べられるので，ここでは深入りしない）。

自然科学や科学技術に関する教育や研究に携わる人，すでに理系の職業に就いている人にとっては，STEMへの注目について，何をいまさら，という感覚であろう。実際，学校教育においても，高等学校，特にSSH（Super Science Highschool）では，これまでも科学，技術，工学，数学等の知識を個々に取り扱うのでなく，研究目的に応じて効果的に組み合わせて研究が進められてきた（SSHは，高等学校等で先進的な理数教育を実施するとともに，高大接続の在り方について大学との共同研究や，国際性を育むための取り組みを推進している。また，創造性，独創性を高める指導方法，教材の開発等が期待されている。STEAM教育と連動したSSHについては他章でも紹介する）。

逆に中等教育の探究活動等や高等教育の中でも自然科学を取り扱う場合，STEMの視点を取り入れなければ研究そのものが成り立たない。理系の大学・大学院や専門学校などの教育機関は言うまでもなく，後期中等教育としての高等学校では工業科や農業科等の専門高校も含め，理数科や理系の探究活動（普通科でも同様）では，すでに研究目的に応じて開発した実験装置や機器を用い，数値的データを駆使して，様々な取り組みや成果が報告されている。近年の中学校においても理科の授業，技術・家庭科での能動的な実践の中でも同じことが言える。

建設業や製造業等も含め，高校・大学等卒業後に就職する現実社会を見据

えた教育活動として，その教育の重要性を述べたとしても，STEM の内容について企業側では当然過ぎて意識すらされていない。さらには文系の諸学問においても，社会科学等，パソコンを用いた操作技術，統計的な手法が不可欠となっている。ESG[注1] を踏まえた経済活動の見通しについても，STEAM を無視することには無理がある。企業としても DX（Digital Transformation，デジタル技術による生活やビジネス等の変革）に対応せざるを得なくなっている。

　そもそも現代社会の中では，人生 100 年時代を支える高度な医療や，日常生活のスマホ，ビデオから家電に至るまで取り扱われるすべてが，STEM さらには STEAM の上に成り立っており，これらを分断して考えることすら意味をなさなくなっている。2025 年大阪で開催される日本国際万博では，テーマとして「いのち輝く未来社会のデザイン」が掲げられており，これをSTEAM の祭典と期待したい。

　ただ，近年の日本で STEAM 教育が教育界において注目されているのは，ICT 教材の活用にとどまらず，大学のデータサイエンスから小学校のプログラミング学習に至るまでの幅広い視点から，思考そのものの変革までが求められている点である。これまでの日本の学校教育は 1 本 1 本の木の見方は学んできても，森全体を捉える学びは少なかったが，その学びの姿勢を変えようとするものである（もちろん，1 本 1 本の木を学んでおくことがベースにあるが）。教える側としても戸惑いがあるのは事実だが，本書では読者に受動的でなく能動的な意識や姿勢の喚起を期待している。

　図 1 は 2022 年の New Education EXPO2022 の様子である。GIGA スクール構想とも連動した様々な学校教育関係の ICT 教育に関する企業の展示会，セッションごとに専門家や実践者の講演が行われた。これからの STEAM 教育の展覧会とも言える。

---

注1　Environment, Social, Governance の英語の頭文字を合わせた言葉。長期的な企業の成長には，経営においても，この三つの観点が必要という考え方が国際的にも認識されている。

**図1　New Education EXPO2022（東京会場）の様子**

### 1.1.2　初等教育での新たな潮流

　日本の初等教育段階では伝統的に，教科の枠組みの中でそれぞれのねらいや特色に応じた内容が個別領域ごとに学ばれている。従来，初学者に対しては，知識・技能の習得に際し，明確な目標の中で限られた範囲で取り扱うことが効率的・効果的であるとされてきた。

　例えば理科では，これまで自然の事物・現象のみを対象として機器や器具を用いたり，操作を組み合わせたりして実験・観察を行ってきた。確かにレポート作成の中でも数値化，図表化などは取り扱われてきたし，近年は「ものづくり」も取り込まれている。

　しかし，今日の大きな潮流となっているのは，初等教育段階からコンピューターを用い，算数，理科などを融合するにとどまらず，感性や好奇心を高め，倫理面も重視したSTEAM教育への改革である。理科教育を中心としながらもプログラミング的な思考の育成が小学校段階から求められていること，GIGAスクール構想に見られるようなICT教育の一層の進捗が期待されていることなどである。これと連動して理数の融合であるSTEMを超えたSTEAMの教育が進められようとしている。なお，GIGAスクール構想とは文科省によれば「一人一台端末と，高速大容量の通信ネットワークを一体的に整備することで，特別な支援を必要とする子供を含め，多様な子供たちを誰一人取り残すことなく，公正に個別最適化され，資質・能力が一層確実に育成できる教育ICT環境を実現する」，「これまでの我が国の教育

実践と最先端の ICT のベストミックスを図ることにより，教師・児童生徒の力を最大限に引き出す」ことである。

　STEM 教育，STEAM 教育に関わる教育界の大きな変動は，これまでの日本の教育改革と同様，国内の教育現場や子供・保護者からの要請というより，海外の動向，それを受けた経済産業界からの反映とも考えられる。グローバル社会を意識し，Society 5.0 に対応すべく，国家的な科学技術政策の一環として，国際的な ICT 教育（ICT 産業，関連する経済活動等）の流れに日本も乗り遅れてはならない，というのが実状かもしれない。アメリカではオバマ大統領の就任後に STEM 教育が本格化したと言われている。年間で数十億ドルという予算が投入され，STEM 教育を中心に科学技術に優れた人材をより多く育成しようという国家的な戦略が始まった。また，STEM 教育によって，近未来社会の様々な場面で活躍できる人材を多数育成することが，アメリカが国際競争力を維持する基本であるとして企図されたと言われている。しかし，実際には軍事力の向上とも無関係とは言えず，第 2 章でも述べるが，軍事と科学技術，教育との関連の強さは今に始まったことではない。教育においてもスプートニクショック以来，アメリカの持つ科学技術力の高さ，それを維持するための科学教育への取り組みは，世界にも影響を与えてきた。

　日本では，パソコン，タブレット等を使ったり，プログラミング教育を導入したりすることによって，戦争とは無縁に新たな豊かな世界を構築することを目指して展開していると言える。いずれにしても，STEM 教育を取り入れることによって日本の学校もアメリカや世界に後れをとらず，早い段階から IT や先端科学技術に取り組む方向にある。実際，STEAM 教育の構築が，2017，2018（平成 29，30）年告示の学習指導要領の実現方法の一つとも考えられるようになり，実現に向かっている。なお，国の動向や STEAM 教育導入の背景などは，第 2 章で整理して紹介する。

### 1.1.3　STEAM 教育による日本の課題克服への期待

　近年の TIMSS（国際算数数学・理科動向調査），OECD 生徒の学習到達度調査などの国際比較調査の結果を見る限り，日本の子供たちは，算数・数

学，理科の基礎知識レベル，科学的リテラシー，数学的リテラシーのいずれにおいても世界水準から劣るものではない。むしろ，平均的な正答率は世界と比較しても高いレベルを維持している。これは，日本のこれまでの義務教育としての公教育の成果と言えないこともない。

　ただ，国際比較調査結果が示す，今後の日本の教育に求められる取り組みは，STEAM教育への期待と無関係ではない。国際調査のデータから敢えて日本の子供たちの問題点を挙げるとすれば次の点であろう。まず，平均的には高い成績ではあるが，世界のトップグループの中に入る生徒数の割合は決して高くない（逆に日本では相対的に低い正答率に見えても，世界ではそう悪くない）。次に小学生では理科が好きな子供たちの割合は高く，国際平均よりも上である。しかし，中学生になるとその割合は減少し，国際平均よりも低くなる。また，成績は比較的高い割には，理科は得意であると考えている児童・生徒の数が，小学校から中学校に進むにつれて少なくなってくる。さらに国際的な水準から見ると理科・数学の成績が低くないのにもかかわらず，将来，科学技術に関する職業に就きたいという子供が少ない。

　これは中等教育だけの問題ではなく，これまでの初等教育の在り方とも無関係ではない。つまり，小学校からの学びが，教科書の知識の範囲に収まり，教室内にとどまる理科という教科の狭い枠組みの中での思考になっていたり，その学びが自分の生活や将来とどのようにつながっていくのか，学習者自身がわかっていなかったりする。と言うより，これらのことを意識したり考えたりしたこともない子供たちが多いのも懸念される。もちろん子供に責任はない。子供は社会や大人の意識の反映に過ぎないのであり，大人自身が自分の受けてきた教育をそのまま次世代に踏襲する傾向が強かった結果だからである。

　STEAM教育でもプログラミング学習等の例に見られるように，能動的な姿勢に立ち，どのような指示や働きかけによって，自分が意図するように機器は動くのかを理解し，その設計を企画する教育が求められる。特に現在の生活は科学技術の上に成り立っているのにもかかわらず，科学技術は日常の中に入り過ぎて，その実感がない。日本の子供たちは学びに受動的な姿勢が強く，目前の操作から将来に対する積極的な態度までが懸念される。いくら

日本の教科書は学習指導要領に則って体系化されていても，この問題を解決するには，自然の事物や現象を教科書に基づいて断片的に取り扱うだけでは限界がある。

　つまり，現状の子供たちの学びを変革するには，学びの中で日常生活との関わりを取り扱ったり，学びとのつながりを持った現実の科学技術の世界を垣間見たりすることが大切である。そのためには，自然の事物・現象に関する知識・技能と人間生活との関連性を理科だけでなく，教科横断・総合的なSTEAM 教育の視点での取り扱いが今後ますます不可欠となっていく。

## 1.1.4　日本で STEAM 教育を展開するための教育現場の課題

　しかし，STEAM 教育をより展開していくにあたって，現在の初等中等教育現場では様々な課題が存在する。まずは，情報機器，実験器具などの施設・設備的な問題である。各学校の限られた予算では，児童・生徒数に見合った教材等が不足するのはやむを得ない。

　同時に指導する教員側の課題もある。教員自身が，子供たちにどのような力を育成するために，いかなる授業を展開するのかは，理数系を中心としたSTEAM 教育を含め，多くの新たな教育活動の課題に関連する。現代的な諸課題にカリキュラム・マネジメントの視点から取り組むためには，教員にとっても学習者以上に，従来と異なった学びが求められていると言えるだろう。

　ただ，教員の立場から見ると，学校では時代のニーズに応えていくために，これまで取り組んできた何を削減すべきか，教育現場ではそれが見えてこないことが多い。学校で取り扱うものは増え続け，担当教員の疲労感も蓄積される一方である。新規の教育活動をいかなる内容や方法で取り扱うべきかを考えるよりも何を削減するかを明確にする方が難しい。また，新たな教育活動の必要性は理解できても，それをどこで展開すればよいかの現実的な問題もある。高等学校では，学校の特色や生徒の興味・関心，資質・能力・進路などを結び付け，限定して検討することができたとしても，小学校段階では子供の将来を見据え，新規の課題をどのように取り組むかが常に悩みの種となる。さらに，その学習活動の評価については依然として検討課題である。

## 1.1.5 STEAM の関係性

本書ではこれらを踏まえて，小学校段階からのSTEAM教育の実践について考察する。加えて教員が戸惑うのは，先述のようにSTEAMのAの範囲だけでなく，STEMのそれぞれの構成要素，つまり，この活動はScience, Technology, Engineering, Mathematics のどれなのかということを考えてしまうことである。理科・科学（Science）の内容やMathematics（算数・数学）の方法等については，学習指導要領に則って分けると考えやすいことも多い。しかし，Technology（工学），Engineering（技術）については，言葉の意味は理解しても，具体的な教材や教育活動の中では，どの部分がTechnology, Engineering なのか区別がつきにくいこともある。場合によってはScience, Technology に関しても，明瞭な区別を付け難いところもある。それぞれ分けて捉える場面もあったり，科学技術（科学・技術）とまとめられて使用される場面があったりする。

Science Education の Science も日本においては「理科」，「科学」と訳されるが，両者の意味は異なる。「理科」は学校教育で取り扱う日本独自の教科名であり，明治以来，具体的な教育では教科のねらいに沿って「自然の事物・現象」のみが重視されてきた。Science は欧米では，科学技術，科学史，科学倫理，時には科学技術政策まで，従来から幅広い概念を含んでいる。近年，日本でもOECD生徒の学習到達度調査以降，日常生活との関連性を取り入れる「科学的リテラシー」育成の視点から，これまでの理科を超えた取り扱いも見られるようになってきた。見方を変えれば，STEM, STEAMのScience は，伝統的な日本の「理科」の取り扱い内容，つまり自然の事物・現象などに限った方が理解しやすいかもしれない。

STEM教育にStatistics（統計学）を統合させた図2のようなモデルも考えられている（ワトソン他，2020）。従来から，Engineering は Technology に支えられ，Technology は Science に，Science は Mathematics に，という関係性が示されていた。図2では，それらをつなげ，いずれの基盤ともなるのが，Statistics であると捉えられている。近年，日本でも注目されているデータサイエンスは，これらの有機的つながりと捉えることもできる。

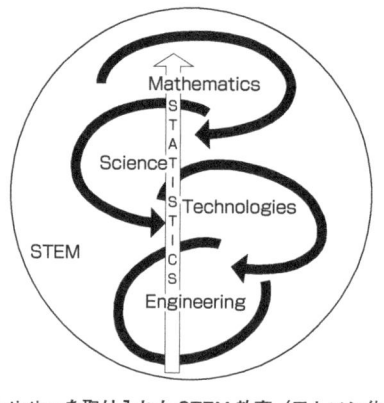

**図2 Statistics を取り入れた STEM 教育（ワトソン他, 2020）**

　場合によっては敢えて STEM や STEAM の構成要素をそれぞれ分けて考える必要がないかもしれない。ただ，カリキュラム・マネジメントとして進めるにあたっても，基本となる教科・科目とその関係性は無視できるわけでもなく，教育活動には，それぞれのねらいがある。また，それに伴った評価も重要である。そこで，本書では第3章の実践例の中で，それらを構成する要素とその関係性を考えたい。

### 1.1.6　一層困難な家庭環境の格差の課題

　最後に家庭環境の課題がある。現在，ICT は猛烈なスピードで社会や家庭生活に入り込んできている。しかし，家庭での情報機器に関する環境は，経済状況等に応じて開きがある。情報機器，端末，機材が揃っていて生活の一環として根付いている家庭とそうでない家庭では，子供の知識・技能に差が生じるのは当然である。アメリカをはじめとして，STEM や STEAM 向けとされる教育商品は民間の玩具・遊具メーカーから数多く生産・販売されている。クリスマスや誕生日のプレゼントとしても購入され，子供の知的能力を高める教材としても活用されている。STEAM 教育の内容は日常生活とも関わりが深く，子供の知的好奇心を高める工夫もされており，経済状況など家庭環境が子供に与える影響は実に大きい。

　これまで，日本の公教育の優れたところは，家庭環境にかかわらず，学校

教育を通して一定の知識・技能の習得を保障してきた点にある。海外と違い，今後もソフト面，ハード面ともに STEAM 教育が公教育で展開できるのか，今日の家庭間格差が子供の学力に影響を与えることが，そのまま継続されるのか，克服すべき課題である。

一方で ICT 教材と同様に，ハンディキャップを持った子供たちを支援するメリットも期待される。多様な機能を持ったソフトの活用によって，これまで見えてこなかった新たな能力が発揮されることも考えられる。今日，特定分野に特異な才能のある児童生徒に対する指導など，ギフテッド教育に着目される動向もある。国内外で「誰一人取り残さない」SDGs が推進されており，見方によってはこの具現化の一つに STEAM 教育があると言えるが，学校や個々の教員の努力では限界があるのも事実である。

一人一台の端末など，GIGA スクール構想や ICT 教材の活用がコロナ禍の中，急ピッチで進められ，新たな制度設計の構築と連動して STEAM 教育の推進が期待される。そのためには，教材開発等，従来の枠組みを越え，教育行政と民間企業との連携が重要となる。

予算措置を伴う取り扱いについても行政間の連携が求められる。これまで，都道府県・市町では，いわゆる知事部局の一般行政と教育行政は，教育の中立性もあり，組織が異なっていたとさえ言える。そのため，学校の教員も都道府県や市町の職員という意識や知識すらあまりないことも珍しくなかった。つまり，目の前の子供たちやその保護者の対応を教育活動の中心とすれば良かった（もちろん，今日的にも変わらず不可欠ではあるが）。今後は，社会に訴えかける必要性から，その視点も大きく変わると言えるだろう。

## 1.1.7　STEM 教育とそのバリエーションの展開

STEAM 教育の動向等について触れてきたが，STEM 教育についても様々な展開（バリエーション）が見られる。代表的なものをここで見ていく。

① E-STEM

冒頭の E は Environment の E を示す。つまり環境と連動した STEM 教育である。これは，かつて日本においても環境教育と STS（Science-

Technology-Society，科学・技術・社会相互関連）教育の連動が注目されていた。環境問題は文明の問題とも言われている（鈴木，1994 など）。日本の環境問題は公害問題の解決からスタートしたことも無視できない。高度経済成長の時期，日本は科学技術の領域において飛躍的な発展を遂げた。しかし，一方で，公害という科学技術の弊害も明確になった。科学技術の問題は科学技術によって解決したようにも見えたが，地球規模の環境問題は継続しつつある。むしろ，かつては加害者（汚染原因を作った企業等）と被害者（住民）が明確だったのに対し，近年は加害者・被害者の区別が容易でなくなり，問題が複雑化している。一般住民が日常生活を行っていたつもりが，環境に大きな負荷を与えてしまっていることもあり得る。

　日本では 20 世紀末からこの問題の解決のために環境教育に取り組んできた。それが国際的な動向を踏まえて，ESD（Education for Sustainable Development，持続可能な開発のための教育），さらには SDGs（Sustainable Development Goals，持続可能な開発目標）へと展開している。SDGs は，ゴール 4 以外は教育と直接関わっていないように見えるがそうではない。むしろ，SDGs の実現には教育が不可欠であり，SDGs 全般にわたって教育の成果が期待されていると言えるだろう。特に ESD for 2030 においては，そのことが端的に示されている。

　なお，ESD の具体的な内容と取り組みについては，第 2 章で詳しく述べる。取り扱う内容は多いが，その一つ一つのテーマには STEAM 教育のアプローチが欠かせない。その点でも，E-STEM はこれからの持続可能な社会の構築の観点から注目されている。気候変動や頻発する自然災害などの自然環境への対応，公害やエネルギー問題などの課題，内なる環境としての人間関係や生きがいなどの問題，近年，急速に進む IT 社会におけるネット環境など，ローカルからグローバル，グローカルな視点が必要になってきている。まさに，E-STEM は，科学技術を向上させる人材育成だけでなく，環境に配慮したよりよい社会を作れる人材の育成を目的としている。

　これまでの教育界の取り組みを考えると，STEAM 教育を展開するにあたっては，E-STEM の観点が理解しやすいかもしれない。そのため，第 2 章では具体例，第 3 章では実践例を紹介したい。

②STEAM

　本書でもタイトルには，STEMでなくSTEAMを掲げている。STEAMにはSTEMにA（Art）が加わっている。Artも単に芸術をSTEMに入れただけでなく，リベラルアーツ（一般教養）のような教育プログラム等を構築することが意図されている。つまり，STEM教育が理系の総合的な教育アプローチを意図しているのに対し，STEAM教育は文理融合型の新たな教育システムの構築の模索に他ならない。その具体的な理念については教育界以外の期待についても，第2章で繰り返し説明することを断っておく。

　ただ，教科横断・総合的な取り組みは新たに登場したわけではない。情報教育の導入とともに理系・文系の融合的な取り組みは近年では1998（平成10）年に「生きる力」の育成に向けた教育がスタートしたときに現れた「総合的な学習の時間」が一つの転機であった。

③STREAM（S）

　ここでのRはRobotを示している。Robotに対しての人のイメージは，プロ野球の応援や店頭での簡単な受け答え，または産業機械など，様々であろう。AI時代の科学技術の象徴であり，機械の作動は人間の動きに近づきつつある。AI時代では，人間はAIやロボットのためのルールを作ったり，コントロールしたりすることが求められ，教育にも「ロボット（R）」が必要になるだろう。さらには，ArtやSportsなどの感性も加えて，STREAM（S）となっている。一般的には，流れや連続という意味を持つSTRE（A）M（S）であるが，ITの分野では，データの流れ，またはデータの送受信や処理を連続的に行うことなどを意味しており，これと合わせたところもある。

### 1.1.8　高度情報通信社会を生きる力とSTEAM教育

　昨今，グローバル化された社会（グローバル社会）の影響は日本においても様々なところで見られる。日本企業は，国際社会の動向を見逃すわけにはいかない。生存競争が激しい企業にとって，適切な情報収集・分析は収益に直結している。情報の伝達方法自体は昔と大きく変わっている。

　STEAM教育は，単に情報を得たり発信したりといったICTの知識・技

能を獲得することだけが目的でなく，どのような情報が必要であるのか，発信する意義や価値のあるものは何かなども考えられる力を培うものである。自分の身の回りや関心のある内容については様々な情報が存在するが，受動的でなく能動的に捉える力が不可欠である。また，断片的な情報は厳密には情報とは呼べず，単なるデータに過ぎない。それらを有機的に組み合わせ，自分の中で体系化，組織化し，判断や行動につなげることが，情報収集・分析の本質である。その具体的な一連の情報活用を学ぶ方法として STEAM 教育があると言えるだろう。

### 1.1.9　何が日本にとって新規なのか

科学技術を中心とした海外の近代文化の流入と影響は今に始まったことではない。黒船来航をきっかけにすべてが刷新された明治維新や，第2次世界大戦後の新時代における西洋の科学技術の取り込みは，海外との差を埋めるために余儀なくされたものである。国家百年の大計と言われる教育においても同様である。ただ，科学技術にしても教育にしても国外の内容・方法を日本にそのまま取り入れることは適切でないことを多くの人が理解していたため，日本に新たな概念をどのように導入するか，そもそもそれの本質は何か，の議論もなされていた。その端的なものが科学技術に関する言葉や専門用語をどのように訳すかであったと言える。明治の日本では，外国語を日本語訳するために甚大なエネルギーを費やした。それが海外の概念を日本に置き換えたときの意味を明確にした。

ただ近年は，訳すことによってかえって意図が不明確になるため，敢えて訳さずにそのままに使われることが多くなっている。また，違う言葉に訳しても同じ意味を示す日本語もある。典型的な例として STEM では，T（Technology）と E（Engineering）であろう。これは冒頭で述べたように「技術」と「工学」とに訳されている。違いは言葉で理解できたとしても，実際の場面であるとどのような差があるのか，教える側も学習者側も戸惑う場合もある。内容によっては小学生にも理解できることがある。例えば，家を建てるとき，家の設計（工学）ができたとしても，実際にそれを建てる技術があるかどうかの違いである。つまり，建築士による設計（工学）と大工さん

の技量（技術）がかみ合って，見た目も住み心地もよい家が建てられる。もちろん，強度や重量など，科学的な検討も不可欠であり，これには計算，場合によっては採算といった数学的な観点も求められる。見た目の美しさにはArtが重要である。車などの生産・販売もこれらの視点から構成されている。

**文献**

1) Judy Anderson & Yeping Li (Eds), Integrated Approaches to STEM Education, SREM Education, Switzerland: Springer, 2020
2) 鈴木善次，人間環境教育論―生物としてのヒトから科学文明を見る，創元社，1994

---

**コラム　大学に工学部を設置した明治政府の先見性**

　ここで，日本における理系の専門学部としての工学部の生い立ちを見てみよう。明治期に日本の教育システムは抜本的に生まれ変わり，近代的な大学が誕生した。日本の大学が欧米諸国と根本的に異なっていたのは，工学部の設置である。明治に入り，わが国で西洋技術の導入が始まるとともに，1871（明治4）年，日本人技術者の養成を目的として工学寮（1877年工部大学校と改称）が誕生した。その後，工部大学校は東京大学工芸学部に吸収され，1886（明治19）年の帝国大学令によって，「国家ノ須要ニ応スル学術技芸ヲ教授シ及其蘊奥ヲ攷究スル」ことを目的とした帝国大学工科大学となった。その後，他の旧帝国大学にも工学部が設置された。

　一方，ヨーロッパの大学は哲学を重視し，技術にはさほど価値を置いておらず，実学的な研究が軽視されていたことも否定できない。確かにヨーロッパにも工業技術に関わる専門機関は多く存在した。しかし，技術の専門学校は大学とは異なり，伝統的に位置付けは低く，ヨーロッパで大学に工学部が設置されるのは後になってからである。アメリカには，ボストン技術学校の名で設立され1865年にマサチューセッツ工科大学となった例があるが，現在から見て工学部と言えるかは不明である。

　このような状況から，最初に工学部が大学に設置されたのは日本であると言われている。日本では帝国大学工科大学の創設とともに，高等工業学校，工業学校など多種の中等工業など教育機関が設置され，戦後，工学部となった大学も多い。

## 1.2 │ STEM教育からSTEAM教育への広がり

### 1.2.1 なぜ，STEM教育よりSTEAM教育か？

「なぜ，STEM教育よりSTEAM教育か？」という疑問への答えは，STEM教育にA（Arts）を加えてSTEAM教育とすることで，STEM教育の内容，方法，成果を創造性育成の方向へさらに高めるためと言えるだろう。単なるSTEMだけでは十分でないという考えに基づき，"From STEM to STEAM"と表現される。いろいろな捉え方が可能であるが，基本的にはSTEMからSTEAMへの拡大が重要であり，求められていることを意味する。

このことをまず次の3点から考えたい。

・現代人が生きる時代的背景とSTEM教育からSTEAM教育への歴史
・収束思考と拡散思考に関係する脳科学的な見方
・STEAMの各学問分野（教科）の階層性

以上に加えて，日本型STEAM教育を考える基礎として，日本の理科教育に元々備わっていたと思われる内容として次のことを考えたい。

・自然と生活との関わりから何かを生み出す日本の理科教育

### 1.2.2 現代人が生きる時代的背景と STEM教育からSTEAM教育への歴史

STEM教育は科学技術や産業における革新的，創造的な生産が生み出せる人材育成を目的としてアメリカで誕生した教育である。

STEMの各要素はScience（科学（理科）），Technology（技術），Engineering（工学），Mathematics（数学）であるが，1990年代前後ではSMETという頭字語で表現されていた。頭文字のこの順番は，Science，Mathematicsの次にEngineeringとTechnologyが並ぶことで，EとTがSとMの後付けのように捉えられやすく，また，SMETの発音は[smet]であるが，その音声がsmut（汚れた，黒穂病）に聞こえやすかった。そのような悪いイメージに対して異議を申し立てた人がSTEMを提案し（2001年），その結果，全米科学基金（NSF, National Science Foundation）が，正式にSTEM（幹，

分岐の起点）という頭字語に変更し（2003年），SとMがTとEを挟む形になった。これはSTEMの構成要素がうまく絡み合って統合・融合されたことを表現している造語であり，そのSTEMが幹になって革新的で創造的なことを生み出せる成果を暗示したのかもしれない。この変更に連動して，2003年前半までJournal of SMET Educationだった雑誌のタイトルが，2003年後半にはJournal of STEM Educationに変更された（図1）。その変更の経緯についてはこの雑誌のホームページにも説明がある。余談になったが，頭字語をデザインするときにはそのつづりの実際の意味を考慮することが必要であろう。

その後，STEM教育への取り組みが進められ，STEMという言葉はアメリカで徐々に知られるようになった。特に重要な影響をもたらしたのは，アメリカで科学教育の枠組みが提案されたことであった。

図1　SMETからSTEMへの変遷を表す雑誌名の変化（https://www.jstem.org/jstem/index. php/JSTEM/issue/archive から作成）

2012年，アメリカの全米学術研究会議が"A Framework for K-12 Science Education"という科学教育の枠組みを発表した。2013年にはこの枠組みに基づいた"Next Generation Science Standards for States, by States（NGSS）"が発刊されて，各州での実践を意図した具体的な教育内容が提示

された。これらに共通しているのはSTEM教育の考え方であるが，"A Framework for K–12 Science Education" の枠組みの中には，TとEの定義がされている。

Technology については，

"Technology is any modification of the natural world made to fulfill human needs or desires."（技術とは人間の必要や欲求を満たすためになされる自然世界の何らかの改良である）

とされている。

Engineering については，

"Engineering is a systematic and often iterative approach to designing objects, processes, and systems to meet human needs and wants."（工学とは人間の必要や欲求に合致するように，対象，過程，システムをデザインするための系統的で，しばしば繰り返し的な取り組みである）

とされている。

ここで，TとEの役割と重要性がわかると，STEMへの理解が深まる。TにもEにも人間的な要素が含まれており，人間の価値観が反映されている。Tの方は「人間の欲求を満たす」ことを含み，その成果は人間に依存することを意味する。つまり，TとE，特にTにはいわばArt的な要素が含まれている。Eの方は人間の欲求を認識した上でも，客観的な視点を取り入れ，何らかのものをデザインし，仕組み（システム）を構築することである。STEMになると自然科学と数学的認識と知識を裏付けとして，何かを作り上げることになる。単なる欲求を満たすことではなく，生み出したものがSとMに合致し，社会にも適合した形態となる。

Technology の専門家は職人（Artisan）であり，本人の技能を高めて合理的な機能と形のある何かを生み出す職業である。Eは仕組みづくりに関する発想を利用して生産につながるシステムをデザインすることである。ところが，STEM教育でSとMが強調され過ぎると，説明することに重点が置かれてしまう。しかし，SとMを基礎にして，TとEによって何かをデザインして生み出すと革新や創造につながる。

以上のことから，STEM教育でSとMが強調されると，新しい何かを生

み出すことに必ずしもつながらない傾向があるとする教育者や研究者もいる。その後，"From STEM to STEAM" という言葉が生まれた。単なる説明に終始するより，何かを創造することに重点を置くべきという視点からである。つまり，STEMにとどまっているのでなく，そこにArtsを加えてSTEAMにすることで新しい創造を強調できるというわけである。STEAMと同じつづりのsteam（蒸気，湯気）は，口語的には「元気」，「活力」，「原動力」という意味も持つので，よいイメージを与えたかもしれない。

　STEAM教育は2006年にヤークマンによって提案されたが，芸術家であるマエダ，化学教育者で脳科学にも詳しいスーザらによっても取り上げられてきた。

　ヤークマンが提案したSTEAM教育は，数学がすべての基本的要素（図2）として，いわゆるリベラルアーツ（Liberal Arts）をAと捉えている。一方，マエダやスーザらは芸術をAと捉えている。現在ではリベラルアーツを教養的な要素であると見ることが多いが，本来は厳格な系統性を持つ学問分野（Discipline）に対して，それにとらわれない自由な発想で捉えることができることを意味していた。つまり，一つの学問分野にとらわれないという点があれば，それ以外はすべてリベラルアーツであると見ることもできる。

---

STEAM＝Science & Technology interpreted through
Engineering & the Arts, all based in the elements of Math.
STEAMとは科学と技術を工学とアーツを通して解釈し，すべてが数学の要素に基づく。

**図2　数学を基礎とするSTEAM教育の定義（ヤークマンによる）**

---

　それでは，現代社会においてなぜSTEAM教育が強調されているのであろうか。その理由として，これからの技術革新に必要と考えられる人間性を発揮することが挙げられる。AI（Artificial Intelligence）がさらに進歩していくと，人間が働くことができる職業がなくなるという心配がされつつある。AIは多くのデータを学んで，そこからの相関関係を中心に将来を予想して，従来の仕事を合理的かつ自動的にこなすことができるので，人間がそこに関与する必要が減少する。つまり，人間の職業域が狭められるという見

方である。そういう状況で人が就ける職業はAIが自動的にできる範囲ではなく，①AIが得意ではなく，人間の個性や感性を発揮させる仕事からなる職業である。あるいは，②AIを使いこなせる人間としての職業である。

①は必ずしもAIを使うことではないが，人間がデザインして表現する方向の仕事であり，その基礎に自然現象，社会現象での因果関係の裏付けが必要となる。②ではE（工学）としての思考性を内在するプログラミング的な手段を使いこなせることも含まれる。現状では，AIの普及によって従来の人間の職業がどの程度減少し，人間が得意でAIが不得意な仕事が具体的に何になるかははっきりしない面もある。しかし，単に機械的な仕組みで解決される仕事を人間が行う機会は，段々と少なくなることは間違いないであろう。

### 1.2.3　収束思考と拡散思考に関係する脳科学的な見方

スーザとピレッキの書いた"From STEM to STEAM"によると，STEM教育だけでは収束思考（convergent thinking）に陥りやすいが，そこにArtsである芸術が加わったSTEAM教育だと，拡散思考（divergent thinking）が起きやすくなり，創造的な課題解決を生み出せるとしている（図3）。

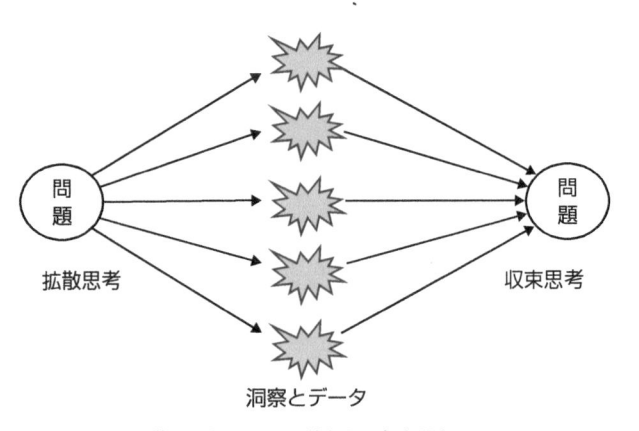

図3　Artsで促進される拡散思考とSTEMで使われる収束思考
（「AI時代を生きる子どものためのSTEAM教育」（幻冬舎）の図を一部改変）

収束思考とは解決の道筋と結果を一つにまとめ上げる思考法であるが，拡散思考は様々な解決の道筋と結果，その解釈を自由に行う思考法である。

　これらを教師が児童生徒に行う発問の仕方に関連付けると，収束思考につながるのは答えが一つに絞られる発問であり，closed-ended question である。例えば，答えが「はい」か「いいえ」で済んでしまう発問である。しかし，拡散思考につなげる発問では答えが1種類ではなく様々考えられる。それはopen-ended questionとされる問いである。例えば，5W1Hの「どれ〜？」（Which）を除いた次のような発問が考えられる。「何がこれを引き起こした？」（What），「どこへ行けばよい？」（Where），「だれがこれをやったの？」（Who），「いつからこうなった？」（When），「どうやればうまくできる？」（How）などの発問である。Which の場合，答えの選択肢が提示された発問が多いので，open-ended question の発問になりにくいかもしれない。

　しかし，単に拡散思考だけでは必ずしも的確な課題解決にはつながらないので，最初は課題に対して様々な発想で自由に考えた後，最終的に収束思考で解決に向かうことが必要である。

　スーザとピレッキは Arts の内容を単なる美術や音楽だけでなく，ダンス，演劇，映画，執筆活動，建築，園芸，造園デザインなども含めて考え，今後さらに創造的な芸術表現が可能だと言っている。なお，料理についても芸術性があると捉える研究者もいる。科学的裏付けに基づいた料理の材料選択と方法を用いて調理し，料理を食べた人が味覚，視覚，触覚等を通して最高の幸福感を味わうことにつながる。

　このように優れた芸術的要素に対し一般人が下した評価は意外と低いことを，スーザらは示している。一般人の STEM と Arts への評価を示す（表1）。

表1　STEM と Arts に対する一般人の評価

| STEM への評価 | Arts への評価 |
| --- | --- |
| 客観的 | 主観的 |
| 論理的 | 直感的 |
| 分析的 | 感覚的 |
| 再現可能 | 独特 |
| 有用 | 取るに足りない |

この表で STEM と Arts への評価は対照的であり，STEM への評価が高いように見える。最後の項目で STEM は「有用」で Arts は「取るに足りない」とある。これは芸術に対する軽蔑とも見えるが，芸術への表面上の評価に過ぎない。逆に，Arts の「主観的」，「直感的」，「感覚的」，「独特」という評価は様々な独創性の開花につながる基本的な特質であると捉えることもできる。

　これ以外にも芸術の特徴として認知的成長を促すことが示されている。例えば，

(a) 音楽，美術，文章にも関係した物事の間の関係を認識できる

(b) 微妙な意味の違いを感じ取れる

(c) 多様な解決に取り組める

(d) 途中で目的を変える柔軟性を持つ

(e) 規則にない決断を許容する

(f) 物事の情報源として想像力を機能させる

(g) 抑制（できないことが多い）の中での活動を容認する

(h) 美的視点から世界を見る能力を持つ

などである。

　さらに，スーザらは芸術的活動が脳の様々な箇所を活性化することを芸術の内容ごとに論じている。芸術が加わることによって，脳の異なるネットワークを活性化している。例えば，視覚芸術は後頭葉と側頭葉で処理され，散文や韻文などの言語技術はブローカ野とウェルニッケ野という脳の主要な言語領域で処理される。運動芸術は脳の頂上を走る運動皮質で，音楽は側頭葉にある視覚皮質で処理される。芸術は多くの脳の箇所を活性化させることになる。

　以上のように芸術的思考には結果的に独創性につながる特徴があり，様々な観点から認知的能力を高めること，そして，脳の様々な箇所を活性化する働きがある。そのため，何らかの現実世界の課題を解決しようとする際に，この芸術的な思考である拡散思考によって様々な可能性を探り，その中から現実に最適な解決に収束思考で向かうことが可能である。

## 1.2.4 STEAM の各学問分野（教科）の階層性

　これまで述べてきたように，STEM のうち特に S と M は説明中心で収束思考に陥りやすいのに対して，芸術である A（Arts）は感性，デザイン，創造性が中心で拡散思考による独創性の駆動力であった。ただし，一つの創造としてのまとめに至るには最終的には収束思考が必要であった。また，T と E と A にはある面で共通性があった。T と E は物づくりと生産に関わるが，そこには人間の欲求満足を目指すため，価値づけの方向が多岐になりやすい。これは芸術の A とも共通する側面である。このように，STEAM を構成する各分野は異なる学問分野（Discipline）であっても，それぞれには関係性や階層性があると考えられる。T と E と A はその一例である。

　学問分野（教科）の階層性については，オーギュスト・コント（1797-1857）が提案した学問分野の階層性が知られている。これに対して，シュワブは学問分野（教科）の内容（subject matter）も同様な階層性があるとした。つまり，階層の下層から順に「数学⇒物理学⇒化学⇒生物学⇒心理学⇒社会科学」であるので，各学問分野（教科）の内容も同じ階層性にあるとした。ここで，階層性とは，上層がそれより下層の要素をすべて持っているが，下層はそれより上層の要素を持っていないことを意味する。例えば，数学より上層はすべて数学的要素からできているが，それより上の学問的内容である社会科学以下は数学を説明できない。ただし，その分野特有の用語や概念があるので，シュワブは一つの学問分野（教科）の概念ごとの関係性を示すためには，いわば統語論的（syntactic，いわば文法的）な構造があるとした。

　例えば，理科に関する化学で言えば，化合物を示す化学式は構成する元素の種類と整数比で表現する。例えば，$H_2O$（水分子）は二つの H（水素という種類の元素の原子）と一つの O（酸素という種類の元素の原子）から構成されている。それぞれの元素は言語的には字母（アルファベット）である。この字母の配列と構造を示すのが構造式である。また，水素分子（$H_2$）と酸素分子（$O_2$）が反応して水分子（$H_2O$）ができる反応を反応式で示す（図4）。これらは化学の言語的側面の一部である。すべての学問分野について言語的側面を例示することはしないが，各学問分野（教科）には独自の構造があり，各学問分野（教科）を学ぶしかない。このような言語的な側面は

すべての学問で異なっており，これが学問分野（教科）を区別・分類する要素と言えるであろう。

　また，下層の学問分野（教科）の内容は，それより上層の学問分野（教科）の内容を詳細に説明する言語的要素でもある（図4）。化学的な内容では，水素と酸素から水が生成する反応で，水素分子と酸素分子から水分子へと物質（分子）と量が変化することは化学反応式として示される。

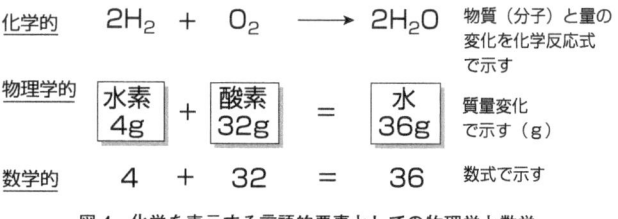

図4　化学を表示する言語的要素としての物理学と数学

　この反応式の裏付けになる具体的実験の測定結果として，物理学的な質量変化が単位（g）で示される。ここで，同じ単位（g）に基づく数量の足し算が可能であることは，数学的な足し算が基礎になっている。ただし，物理学から化学へと考えを移す際には，分子の質量が元素の種類で異なるという化学的考えを入れて化学反応式を作成する。以上のことから，この階層性は下層から「数学⇒物理学⇒化学」となる。

　それでは，STEAMの構成分野はどのような関係にあるだろうか。STEMについては，階層性を下層から示すと「M⇒S⇒T⇒E」または「M⇒S⇒E⇒T」となる。これについてはさらなる議論が必要であるが，ここでは「M⇒S⇒T，E」と記述しておく。

　問題はA（Arts）の位置であり，その位置を考えるヒントは人間の学びの成長の中にある。人が生まれたばかりのときには五感（視覚，聴覚，臭覚，触覚，味覚）が少しずつ機能し，それぞれが養われ始める。幼少のときは五感を通した導入（Input）と内在化（Intake）が優先されると思われる。このような条件でいち早く養われるのはAに関する感性に違いない。次に，自分を意識し他人を認知して，その間で身に付け養うのが言語（母語：生ま

れて最初に身に付けた言語）である。母語を通して，さらに自分と人，社会との関係を感じ取り表現する。母語と STEM との位置関係で見ると，母語は M より同程度か下位にある。視覚による幾何学的な形体認識と母語の階層性は議論が必要であるが，数学で用いられる論理の元は母語の表現であろう。母語と A との位置関係はさらなる議論が必要であるが，母語の語調や発音の仕方には感性的要素を含んでいることから，芸術と同様に A の中に含まれると仮定し，芸術とまとめて Aem（Art from emotion）と表現する。

これらの仮定からは「Aem ⇒ M ⇒ S ⇒ T，E」と言える。個々の物事の認識，理解，応用，分析，評価については徐々に養われるだろう。成長して様々な知識と経験から，理論的な内容や自分を取り巻く自然界や社会での位置づけを知ると，それに依存するデザインや新しい表現が生まれる。これも A に含まれる要素である。これを芸術的，言語的表現，心理学や社会科学的な内容も含めて Aex（Art to expression）と表現する。

このことから，例えば「Aem ⇒ M ⇒ S ⇒ T，E ⇒ Aex」と表示できる。Aem は感性や情緒から発する芸術的または言語的要素であり，Aex はデザインや新しい表現に向けた芸術的または言語的要素である。ここで，Aex は Aem に根差しており，M，S，T，E との関わりや人間的社会的な経験から生み出されるだろう。しかし，上位階層の Aex にある心理学，人文・社会科学などは，必ずしもその下層にある STEM や Aem を意識しなくても，いわばブラックボックス的に用いて，それぞれの分野で用いる内容と方法で表現できる。この階層性を図5に示す。ただし，これについてはさらに議論が必要であろう。

| 展開的<br>階層 | $A_{ex}$ | 言語，芸術の表現的要素，<br>及び人文・社会科学他 |
|---|---|---|
| ↑<br>↓ | T，E | 技術，工学 |
| | S | 科学（理科） |
| | M | 数学 |
| 基本的<br>階層 | $A_{em}$ | 言語，芸術の<br>感性的要素 |

図5　STEAM 教育の構成要素と階層性（Aex: Arts to expression; T: Technology; E: Engineering; S: Science; M: Mathematics; Aem: Arts from emotion.）

以上のように，Aに該当する分野には創造性の基礎になる感性的要素と，表現的要素が含まれていると思われる。単にSTEMだけでは創造性の発揮にはつながらないこともある。そこで，STEAMとすることでSTEMの知識技能が十分生かされると思われる。

## 1.2.5 自然と生活との関わりから
### 何かを生み出す日本の理科教育

STEM教育やSTEAM教育という用語は，学習指導要領にはほとんど見ることができないので，本来日本にない教育の取り組みであると捉える人が多いであろう（確かに「総合的な学習の時間」や小学校学習指導要領解説算数編等ではSTEMが出てくるが）。しかし，STEMやSTEAMという用語が現在の日本の理科教育に見られなくても，それに関連する教育内容は，日本が第2次世界大戦下にある時代の理数教育に示されていた。国民学校教師用の理科教育書籍「自然の観察」（1941（昭和16）年発刊）はSTEM教育とSTEAM教育に関係する理数教育を目指していたと見られる。

この教師用書籍は，「自然の観察に教科書は不要。強いて作れば教師は教科書で指導して，子どもを野外に連れ出すことをしなくなる」という考えに基づいて作られた。国民学校の子供たちが教科書を読むだけの学習に陥るのでなく，自然現象を生活と身の回りの出来事に関連付け，自分で考えて利用できるための指導法を示している。本文中には「理数科の趣旨は観察・思考・処理であり，仕方は正しく，くわしく，明らかにすることであり，対象として自然界はもちろん，国民生活における事物現象がすべて含まれる」とある。これに加え，科学的精神の目的が創造性であり，自然と和する態度の重要性，技術的工学的内容と価値を強調する箇所が本文に見られる。つまり，「自然の観察」はSTEMとSTEAMの内容を含んでいたと見ることができる。

また，「自然の観察」に説かれた内容は，戦後のGHQ指導下で提示された生活単元と不思議な共通性がある。「増補日本理科教育史」には，「生活単元／問題解決学習は，戦時中の理科教育改革の考えをより一層徹底させたものと理解できた」とある。

「自然の観察」に書かれたSTEAM教育に関連した記述内容をいくつか示

そう。この教師用教科書は5巻から構成されており，主に現在の小学校理科の3年生から5年生までの内容が含まれているが，現在の生活科に相当する内容，他の教科と重なる内容も含む。

第2巻第22課の笛の中では，要項に以下のように書かれている。「この課では，シノダケ（またはヨシ）で簡単な笛を作らせて，音に対する興味を深め，音を出す工夫をさせて，工夫・考案の力を練るのである」とあり，音に対する感性を触発し，シノダケという素材に直接触れて工夫・考案させる指導を推奨している。これはS，T，E，Aの内容を含む。

指導例の箇所では具体的な指導内容として，「児童に見えないようにして，かね・太鼓・ひょうしぎ・つづみ・笛・茶わん・バケツ・かなだらいなどで音を出し，『今の音は何でしょう。』と言って，名を当てさせたり，『木でできているものか，金でできているものか。』などといって，音の出たものの材質を当てさせる。そのたびごとに，『これです。』と言って見せ，目の前で音を出して聞かせる。こうして，音の出方や音色に関心を深める」とある。

第1巻第18課の野菜と果物では，カキを用いた観察で，カキの甘さとカキに含まれる種の数などについて比較することが示されている。第3巻第2課の落下傘では，新聞紙から正方形を切り取り，それを対称線で折った後，角を切り落としてから正8角形を作る。ここでは対称線についての意識を高める数学Mの考えを自然と身に付けられる。また，この正8角形の角の部分に糸をさして落下傘を作り上げる。さらに，子供たちと教師が落下傘を投げてよく飛ぶようにするにはどうしたらよいかを話し合うことが書かれている。

さらには，第3巻第9課，第5巻第16課の「私たちの研究」では，子供たちが興味を持った内容についての自由研究の実施が書かれている。これはいわば探究的な学びであり，学校の器具教材の貸し出しも推奨され，最終的には口頭発表することも記されている。

以上のように，「自然の観察」の趣旨もそこに書かれた教材についても，STEAM教育的な要素を含んでいたと見ることができる。それとともに，この教師用教科書は日本人の自然との向き合い方についての一つの形を示している。

## 1.2.6 各国における STEAM 教育への期待と導入

①アメリカ

　STEM 教育が生まれた国であるアメリカの STEAM 教育の展開については すでに触れたが，最近新たに 2017 年に STEAM 教育に関する法律が施行された。さらにアメリカでは，STEM 教育と STEAM 教育の修士の学位を取得する学生のための奨学金，STEAM 教育を受けるための学生の奨学金，STEAM 教育のためのリソースを導入するための資金提供などが進められている（https://onlinedegrees.sandiego.edu/steam-education-in-schools/）。

②アジア

　韓国では STEAM 教育が始まった時代から，ヤークマンとの共同研究が行われるとともに，国家的な政策として STEAM 教育が進められてきた。シンガポール，中国，その他の国でも進められている。

　韓国の STEAM 教育について，安東らは，「予め定められた概念や法則を発見していく問題解決学習」が基本であるとしている。そして，「美術活動における創造的過程の意義や美術表現することの意味が十分に問われないまま（若干の批判はあるが），科学教育と産業振興政策中心で状況が展開している」としている。また，韓国の STEAM 教育で美術教育と科学教育の同等性が脳生理学を根拠とすることから，「美術教育が科学教育に取り込まれている」としている。これらのことを「STEAM 教育における美術そのものの意義が明確でない」という主張につなげている。

　日本では，経済産業省による「未来の教室」の実践を支援する取り組み，各地方自治体での取り組みがなされている。文部科学省関連では，中央教育審議会から出された答申「『令和の日本型学校教育』の構築を目指して〜全ての子供たちの可能性を引き出す，個別最適な学びと，協働的な学びの実現〜（令和 3 年 1 月 26 日）」に，「総合的な探究の時間」で STEAM 教育等の教科等横断的な学習の推進が述べられている。今後，徐々に学校現場でも STEAM 教育関連の取り組みが進められるだろう。

③ヨーロッパ

　最近，EUが中心となって，"STE（A）M IT"というプロジェクトが進行
中である（https://steamit.eun.org/about-the-project/the-framework/）。STE
（A）M ITとは，「私たちを取り巻くすべてのことに関係した，学問分野（教
科）連携的（interdisciplinary）なSTEM教育の取り組みの一つであり，ヨー
ロッパ初の統合的なSTE（A）Mの枠組みを生み出すこと」とある。この
プロジェクトは，エラスムス＋（The European Community Action Scheme
for the Mobility of University Students：ERASMUS＋）の資金支援を受け
て，ヨーロッパ・スクールネット（ヨーロッパ34カ国の教育省のネットワー
ク）が実施している。

　プロジェクトの背景には，STEM教育がAを含めた概念に拡張されて，
創造性を高める教育を強調するようになったことが示されている。Aにつ
いてはAll（すべて）を意味すること，すなわちSTEMを他のすべての学問
分野（教科）につなげる事も意味するとしている。しかし，ヨーロッパの現
状としては，STEMの各学問分野（教科）でさえ別々な授業で教えている。

　そのプロジェクトの目的に以下の3点が挙げられている。

・統合的なSTE（A）M教育の紹介先としての概念的な枠組みを創設しテ
　ストすること

・この枠組みに基づいて，初等中等学校のSTEM教員のための能力強化プ
　ログラムを，STEMを教えることの概念化に焦点を当て，特に産業－教育
　連携を通して展開すること

・STEMを統合した教育の概念化を確保し，学校の中にガイダンスカウン
　セラーとキャリアアドバイザーのネットワークを確立することで，STEM
　に関わる仕事の魅力を宣伝すること

　今後，このプロジェクトによる枠組みに関する提案書の概要が発表され，
英語とそれ以外の9カ国語に翻訳されて発刊される予定である。その内容が
具体的にどのようなものになり，これに基づいたSTE（A）Mの教育がど
の様に展開されるかは興味深い。

**文献**

1) Journal of STEM Education（https://www.jstem.org/jstem/index.php/JSTEM/issue/archive）

2) National Research Council, K–12 Framework for Science Education, 2012

3) The National Academies Press, Next Generation Science Standards for States, by States, 2013

4) Sousa, D.A., Pilecki, T., From STEM to STEAM, Corwin, 2013, 胸組虎胤訳, AI時代を生きる子どものためのSTEAM教育, 幻冬舎, 2017

5) 胸組虎胤, STEM教育とSTEAM教育—歴史, 定義, 学問分野統合—, 鳴門教育大学研究紀要, 第34巻, 58–72, 2019

6) ガイ・クロスビー著, 石川伸一監修, 清水玲奈訳, 食の科学〜美食を求める人類の旅, ニュートンプレス, 2020

7) 胸組虎胤, 教科横断とSTEAM教育の授業開発の重要性, 日本教科内容学会誌, 第8巻, 3–16, 2022（http://www.jsssce.jp/）

8) 日置光久, 露木和男, 一寸木肇, 村山哲哉編集解説, 自然の観察（復刊）, 2009

9) 胸組虎胤, STEM/STEAM教育のカリキュラムと理科（化学）の学習, 化学と教育, 第69巻, 320–323, 2021

10) 安東恭一郎, 金政孝, 韓国のSTEAM科学と芸術の融合による教育の可能性と課題—韓国STEAM教育の原理と実践場面の検討—, 美術教育学（美術科教育学会誌）, 352014, 61–77（https://www.jstage.jst.go.jp/article/aaej/35/0/35_KJ00009814766/_pdf/-char/ja）

11) STE（A）M IT（https://steamit.eun.org/about-the-project/the-framework/）

## 1.3 日本型STEAM教育の構築と展開
## —これからの教科横断・文理融合型の総合教育

熊野善介

### 1.3.1 はじめに

　令和4年度に新しい高等学校学習指導要領が始まり，教科横断・文理融合型の総合教育と言えるSTEAM教育が全国の高等学校において具体化されることとなった。一部改正された「科学技術基本法」が2014年に，第5期科学技術基本計画が2016年に閣議決定された。実はこの第5期科学技術基本計画に大きな意味があった。というのも「Society 5.0」に向けて，日本政府のあらゆる関係者が具体的にどうするかのアクション計画とそれに対応した予算計画が示されたからである。さらに，その5年後にさらなる緊急性・喫緊性のもと，第6期科学技術・イノベーション基本計画が2021年に閣議決定され，あらゆる公官庁，県市町村がこの国家戦略のもと，動き出した。イノベーションを創生する人材育成も重要視され，STEAM教育がその役割に位置付けられた。ここまで徹底して展開し始めたことにより，日本は歴史的な転換点を迎える可能性が大である。まさに日本は世界での生き残りを賭けて，課題解決が必要なSTEAM領域のあらゆる段階での人材育成が求められている。

### 1.3.2 アメリカのSTEM/STEAM教育

　著者は1976年から1年間，マカレスター大学において地質学を学び，1989年から1993年までアイオワ大学の博士課程科学教育専攻に在籍し，長らくアメリカに留学した。また文科省の在外研究として3か月間，アメリカとカナダの複数の大学院科学教育コースの研究を行った。さらに，2012年に再び3か月間，フルブライトプログラムにてアイオワ大学の客員研究員を務めた。このようにアメリカの現場の変化を直接，現地で捉えたものとして，やや異なった観点で論を進める。

　2007年にマサチューセッツ大学のアーサー・アイゼンクラフト教授を議長として「21世紀型スキルと科学教育改革に関する専門家会議」が開催さ

れた。21 世紀型スキルのたたき台が作成され，これに関して科学教育の専門家たちがアメリカの科学教育の改革のためにどのような課題があるのかを議論した（NRC，2010）。

　専門家委員会のメンバーは当時マサチューセッツ大学教育学研究科のアイゼンクラフト教授，マサチューセッツ工科大学，ワシントン DC オフィスのウィリアム・ボンヴィリアン教授，カリフォルニア大学バークレー校教育学研究科のマーシャ・リン教授，ペンシルバニア大学認知科学研究所のクリスティン・マッシー教授，メルク科学教育研究所のカルロ・パラヴァーノ教授，カリフォルニア大学ロサンゼルス校心理学専攻科教授のウィリアム・サンドバル教授である。

　専門家会議から出された 21 世紀型スキルとは以下の通りである。

①応用（活用）する能力（Adaptability）

　不確実で新しく，なおかつ仕事の在り方が急速に変化する状況に意欲的に挑戦していく能力のことである。これは，緊急で危険な状況に対して効果的に対応すること，新しい仕事・新しい技術・工程を学ぶことを包含する。この「応用（活用）する能力」には，仕事のストレスを管理すること，様々な性格の人々に適応すること，いろいろなタイプの人々と意思疎通を展開すること，屋内や屋外の様々な環境に物理的に適応することができることが含まれる（Houston, 2007; Pulakos et al., 2000）。

②複雑なコミュニケーション・社会的能力（Complex communication/social skills）

　適切に対応するために他から言語的にあるいは非言語的な内容を解釈したり，遂行したりする能力のことである。熟達したコミュニケーターは共有する理解を形成するために，画像，音声，言葉で表現される複雑な思考の中からカギとなる部分を選びだす能力を有している（Peterson et al., 1999）。

③非日常的な問題解決（Nonroutine problem solving）

　熟達した問題解決者は幅広い情報を分析し，パターンを認識し，問題の原因の分析をするために，専門的な思考を活用する。問題の原因の分析を乗り越えて，解決に向かうために，二つの知識が必要とされる。一つ目は，情報が概念的につながりあっているのかという知識，二つ目はメタ認知に関連す

る知識のことである。すなわち，問題解決戦略が機能するかどうか，もしうまくいかないとすると他の戦略に転換するかどうかに反映される能力のことである（Levy and Murnane, 2004）。ここには，新しく革新的な解決策，一見関係のない情報を統合すること，他が見落としがちな享受の可能性を生み出す創造力が含まれるのである（Houston, 2007）。

④自己管理と自己啓発（能力）（Self-management/self-development）

　距離を超えて実際のチームと仕事ができること，そして，自己向上力があり，自己分析する能力があることである。自己管理能力の一つの観点は，自ら進んで遂行する能力のことであり，新しい情報を獲得する能力のことであり，遂行するための関連した技能が含まれる（Houston, 2007）。

⑤システム思考（Systems thinking）

　すべてのシステムがいかに働き合っているかを理解する能力のことである。そして，システムのある部分における一部のアクションや変化，不具合が他のすべてのシステムにいかに影響を及ぼすかを理解する能力ことである（Houston, 2007）。システム思考には，機能している異なった要素が相互に作用していることについて概念的に理由づける能力はもちろん，価値判断や意思決定を行うこと，システムを評価することが含まれる。

　この会議は全米の連邦レベルにおいて，科学教育における21世紀型の資質・能力を検討した重要な会議であり，アメリカがSTEM教育改革を起こすための工学の本質の理解や応用科学の重要性，システム思考，様々な能力や価値観を持つ人々とチームとして課題解決をしていく学びの重要性が示された。そして，上院と下院の超党派の人々の応援，経済界からの応援，全米科学研究機構（NSF）からの支援により，K-12カリキュラムフレームワークの作成，次世代科学スタンダード（NGSS）に大きな影響を及ぼすことになる。さらに，全米州知事会の強力な支援のもと，戦略的に「すべてのアメリカ人」のための教育改革，すなわち，1996年時点では時期尚早と考えられ機能しえなかったシステミックリフォーム（地域社会がトータルで支え合う教育改革）を可能にするための計画が練り上げられていった。2011年にできあがった科学教育改革のためのK-12フレームワーク，ならびに次世代科学スタンダードの作成協力者には，各州の科学カリキュラム作成の専門家

が多く名を連ねている。

2013年の次世代科学スタンダードが1996年のスタンダードと異なるのは，科学・数学のみならず，工学教育コミュニティと数学教育コミュニティ，そして言語教育コミュニティが協力連携して州ごとの科学教育スタンダードを改訂し，PBL（課題解決型学習，Project based Learning）型の授業を中心にしたSTEM教育改革となっている点である。次世代科学スタンダードの内容を読むと，そのために「技術（Technology）」と「工学（Engineering)」の定義を明確化したこと，そして「探究（Inquiry）」と「プラクティス（Practices)」の定義を明確化し，より科学の本質や工学の本質に近づきイノベーションにつながる高度な学習活動を目指していることがわかる。日本におけるPBLと次世代科学スタンダードを基盤としたPBLの比較研究が求められる。このことは今後明らかにすべき研究課題である。

我々の熊野研究チームは，スタンダードの作成に参画したアイオワ州とミネソタ州の専門家に2度インタビューを行うことができた。これらの結果は熊野の報告書（熊野，2021等）に詳しく述べられているので参考にしていただきたい。

### 1.3.3 日本における STEM/STEAM 教育

日本におけるSTEM教育研究は，どのような変遷を辿ったのであろうか。日本では，第2期教育振興基本計画が2013（平成25）年6月14日に閣議決定され，少子高齢化，グローバル化，東日本大震災からの教訓，社会の方向性等を総合的に分析し，4つの方向性が出された。すなわち，社会を生き抜く力の養成，未来への飛躍を実現する人材の養成，学びのセーフティネットの構築，絆づくりと活力あるコミュニティの形成という柱である。

2000年当時は世界で資質・能力論争が展開されており，アメリカにおいても，OECDのPISAのスコアの向上を目的とした，算数・数学教育と読解力の向上を目指した言語教育のコモンコアを基にしたスタンダードが，連邦政府の補助金とともにほとんどの州でできあがっていった。日本においては，全教科に関わる資質・能力とは何かという命題のもと，多くの国々の比較論と，日本における資質・能力論が展開され，新しい学習指導要領に組み

込まれていった。このころ，STEM 教育改革論を展開した科学教育学者・理科教育学者は少なく，新しいもの好きの学者がまた訳が分からないことを述べているという程度の認識であった（熊野，2012）。

　図1は，日本の科学研究費のタイトルにSTEM/STEAM 教育という文言が入っている研究課題の大まかな採択数を年度ごとにグラフ化したものである。

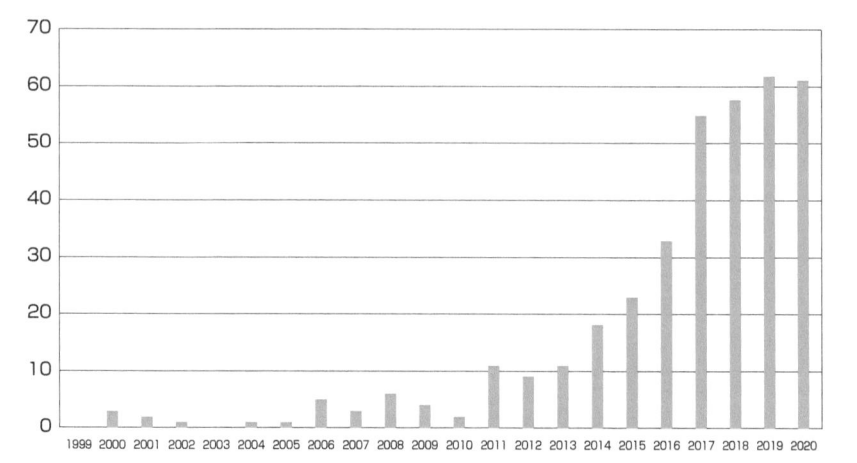

**図1　日本の STEM/STEAM 教育研究の年度ごとの採択数**

　このグラフから言えることは，2016 年ごろからSTEM/STEAM 教育研究者が急速に増加したということである。国家としての重点政策と研究者の課題が不思議に整合しているのは偶然と言えるであろうか。世界の大きな動きに対して，日本としても政策と研究者の意識が合致したと言える。

　第2期教育振興基本計画が2013 年に出され，2017 年に小学校学習指導要領の改訂が公示されたため，科学技術基本法や科学技術基本計画の内容の方向性は小学校学習指導要領・中学校学習指導要領にある程度埋め込まれた。しかし，個々の内容には十分反映されないまま世に出された。その後の改訂高等学校学習指導要領の実施に向け，特に2021 年の科学技術・イノベーション基本法と基本計画が公表され，中央教育審議会においても，改訂高等学校

学習指導要領が 2022 年から実施されるにあたって，STEAM 教育の重要性と課題解決型学習の推進が明示されるようになった。国立高等専門学校でこれまでなされてきた成果や，SSH が進めてきた様々なモデル実践の成果の中に，日本型の STEAM 教育のプロトモデルが存在していることも示された。

　それらを踏まえ，Society 5.0 という新たな社会の創生に向け，獲得すべき資質・能力の再検討を常に重ねながら，文理融合した新たな価値を生み出し，人々の生活をより豊かにできる教育を強力に推し進めていく必要がある。同時にグローバル化を展開して，日本発の知的所有権を生み出し，より豊かな日本社会の創生につなげることを目指していくことが期待されている。

## 1.3.4　ジュニアドクター育成塾静岡 STEM アカデミーの構築・実践と課題

　これまで述べてきたことを示す一つの事例が，国立研究開発法人科学技術振興機構（JST）の文章の中に読み取ることができる。以下に示す内容は，2017 年度に JST が公募したジュニアドクター育成塾の事業目標として書かれている内容である。

「我が国が持続的に成長を続け，国際社会を牽引していくためには，変化の予測が困難な将来において，早期から第 4 次産業革命を見据えつつ，社会を牽引するイノベーションを創出し，未来を創造する人材を育成することが極めて重要です。しかし，現状において，理数・情報系分野に関して特に意欲や突出した能力のある小中学生に対する取組は十分とは言えず，教育再生実行会議第 9 次提言（平成 28 年 5 月 20 日教育再生実行会議決定）や，『日本再興戦略 2016』（平成 28 年 6 月 2 日閣議決定）においても，これらの取組の不足が指摘されているところです。これを踏まえ，『ジュニアドクター育成塾』（以下，『本事業』という。）では，将来の科学技術イノベーションを牽引する傑出した人材の育成に向けて，高い意欲や突出した能力を有する小中学生を発掘し，例えば，科学的思考力や論理的思考力，情報活用能力など，理数・情報分野の学習等を通じて児童生徒の能力を伸長する体系的育成プラ

ンの開発・実施を行う。これに加え，本事業の中で開発された人材育成手法について，継続的な成果の把握，事業の改善を通して有効性の向上を図ると共に，広く普及させることで社会全体への効果の還元も目的としています」

　これに対して，2022年のジュニアドクター育成塾公募の際の文章は次のようになっている。

「我が国が持続的に成長を続け，国際社会を牽引していくためには，変化の予測が困難な将来において，早期から第4次産業革命を見据えつつ，社会を牽引するイノベーションを創出し，未来を創造する人材を育成することが極めて重要です。『ジュニアドクター育成塾』（以下，『本事業』という。）では，将来の科学技術イノベーションを牽引する傑出した人材の育成に向けて，高い意欲や突出した能力を有する小中学生を発掘すべく，STEAM（Science, Technology, Engineering, Art, Mathematics）学習等を通じて，科学的思考力や論理的思考力，情報活用能力など児童生徒の能力を伸長する体系的育成プランの開発・実施を行います。これに加え，本事業の中で開発された人材育成手法について，継続的な成果の把握，事業の改善を通して有効性の向上を図ると共に，広く普及させることで社会全体への効果の還元も目的としています」

　この事業目的に示されていることは同値であるが，重要な点は2022年の文章の中にSTEAM教育という文言が入ったことであると言える。

　静岡STEM学習アカデミーは全国30か所において，世界の科学技術系人材育成の潮流をいち早く捉えた活動を行ってきた。大きな特長は，2018年のアメリカ次世代科学スタンダードのモデルの中から日本のインフォーマルな科学教育に導入可能な内容を吟味したこと，および，ミネソタ大学STEM教育センターやアイオワ州知事STEM支援審議会で展開されている教育内容のいくつかを科学教育学の研究者同士の研究交流をしながら実践と研究を進めていったことである。

　まず，図2は静岡STEMアカデミーの募集要項である。

図2　静岡STEMアカデミー募集要項

　静岡STEMアカデミーを構築するに当たって大切なことは，事務局の運営体制である。幸い，本事業の実施主担当者は30年以上静岡大学に在籍し，県内外で理科教育・科学教育に関係する幅広い人脈があった。そして，静岡科学館「る・く・る」と深い連携があったこともあり，元館長に協力を要請できたことが大きな意味があった。この事業にとって必要な人材は，科学教育・理科教育分野における大学の研究者，児童生徒の自由研究に深く関わってきた科学教育・理科教育の実践者，そして支援する教育委員会，保護者である。これらが機能するためには，それを支える資金援助が必要となる。現在は文部科学省が支えていることになる。長い目で見るならば，地域の行政や企業が支えるモデルへと移行していくことが求められる。

　次にどのような教育システムを構築したかである。参加する児童生徒が継続して研究をするようになるためには，段階的な長期の学習体制と指導体制が必要である。私たちは三つの段階を用意した。Stage1.0，Stage1.5，Stage2.0である。静岡県は広く，初めから静岡市に集まることは困難である

ため，最初は6か所でSTEM教室を展開した。6か所とは，浜松市，牧之原市，焼津市，藤枝市，静岡市，三島市である。この中で，牧之原市はすでに山﨑財団の科学教室が展開されていること，および，静岡市も科学館の理科大好きスクールがあることから，2021年から4か所のStage1.0の教室となった。Stage1.0の受講者は，STEM分野の研究に興味がある者で，400字程度の作文が課せられる。実現可能な研究課題を持ち，評価規準に基づいて評価が行われ選出がなされた。

　Stage1.0では各地での年間7回の学習会がセットされた。ここではSTEM分野の学習が展開され，分野横断的なSTEM教材の開発と実施が行われた。午後はそれぞれの受講者の研究に対する支援と指導が行われる。基本は受講生の主体性を重んじ，受講者の質問に答え，進捗状況の確認と必要な実験や観察のための機器の紹介や提供を行った。結論を示したり，研究の核心は提供したりせず，あくまでコーチやメンターとしての立ち位置で関わることが指導者に求められる。Stage1.5は前年度のStage1.0の中から選ばれる。こちらも年間7回程度で，午前中はSTEM分野の科学者や工学者等に，中学生のとき先生方がどのようなことをやっていたか，研究者につながることは何だったかをできるだけ示していただくことをお願いしながら，受講者に研究の面白さや醍醐味，発見したことや，発明したことを熱く語っていただいてきた。講師の人選が大切であることは承知しているが，時間と謝金の関係で先生方にはご無理なお願いをしてきたことは反省すべき点である。

　Stage2.0は，計画した内容としては年間7回程度，受講者の研究内容と類似した研究テーマの研究室に入り込み，大学院生と交流しながら，受講者の研究を展開することであった。受講者によっては10回以上研究室で学生や大学院生のお世話になった者もいたが，実際は理想的な状況が生まれず，年間数回程度で，ほとんどがZoom会議となった場合もあった。これらの他に，STEM系の工場や研究所を訪問し，所内の工学者・科学者との出会いをしたり，県内や県外の博物館を訪問したり，脳外科の先生の講演をZoomで拝聴できる機会を作ったり，県内のイノベーション研究所の先生方の講演を聞いたりする，STEMカフェを展開した。

　さらに，静岡STEMアカデミーの特徴は海外との交流であった。特に，

ミネソタ大学STEM教育センターの副所長であり，30名以上の博士課程の院生を抱えている，ジリアン・ローリグ教授のチームとの交流は毎年展開してきた。受講生が英語で発表する機会を設けることは受講生の研究意欲を高め，トップの受講生をアメリカに引率し，研究発表をアメリカのSTEMスクールで行う計画を立ててきたことは大きな意義があったと言える。しかし，この2年間はZoom会議となった。

　静岡STEMアカデミーはデジタル化を推進してきた。実施主担当である筆者が15年ほど前からMoodle（ムードル）という無料のe-learningソフトを用いて，授業・セミナーを展開してきたこともあり，このシステムを初期から導入した。強制的に導入したのではなく，年度を重ねるごとに少しずつ利用頻度が増してきた。これは，コロナ禍でZoomでの講座や教室が増えてきたことと相乗効果もあったと言える。特に，GIGAスクール構想により，児童生徒に一台ずつChromebookやiPadが準備され，学習のデジタル化・個別化が急激に進んだことに対応した。GIGAスクール運営支援センター整備事業が令和4（2022）年度から始まることも大きな支えとなる。このデジタル化で求められることは，まずデジタル化ありきではないことである。重要な点は，このデジタル化により何ができ，個々の学習の促進に寄与するのかを理解し，受講生の研究の促進や，事務局の仕事の軽量化，指導者が受講生をより的確に把握し，コーチングに役立てることである。Moodleの良さは，大学のチームといった学内に閉ざされたものではなく，構成主義学習論に基づいて設計された学習支援ツールであり，世界に開かれた学習システムツールであることである。静岡STEMアカデミーはMoodle学習システムを十分に使いこなしてはいないが，初期段階の状況にはなっており，指導者がその価値を見いだし始めている段階である。トヨタが「ミライ」をオープンソースとして公開したのと同様の営みである。読者も是非活用すべきである。

## 1.3.5　これからの教科横断・文理融合型の総合教育

　STEAMスクールが展開されるためには，どのような要素が必要であろうか。このことを述べることにより，結果としてこれからの教科横断・文理融

合型の総合教育の方向性を示すことになろう。

　日本のSTEAM教育の先端として期待される，多くのSSHが悩みながら，高等学校におけるカリキュラムの在り方を求め，生徒が主体的意欲的に課題解決型の学習を展開してきた。高校生なりの知識理解を基にした独自の研究に取り組むとともに，諸外国の高校生との研究発表会，学習会，交流会も展開されてきた。今後SSHを一層飛躍させるために，以下のことを期待したい。

①指導者は教員免許を取得しているが，教師自身がそれぞれの専門分野において，査読を受けた論文をまとめた経験が求められる。これは，研究方法を身に付けているかどうかはもちろん，その学問分野の課題が見えるようになっているかが問われている。したがって，教師も様々な分野の研究を継続していることが望ましい。また，生徒とともに専門性を高めることに喜びを見いだせる教師こそが生徒の学びの加速につながっているといえる。

②教師も生徒もチームとして，課題解決型の学習に関わる状況ができているかが問われる。お互いを認め合ったり，アドバイスをし合ったりする場面が構築できているかどうかが大切である。その意味で，学年を超えたコミュニケーションを意図的に作ることが必要である。つまり，SSHのように，学校全体のカリキュラムの構造を意図的に少しずつ組み替えていく必要がある。しかし，思い付きで展開するのではなく，小さなエビデンスでよいから，○○のようにしたら生徒が○○のようなよりよい質の向上があったという内容をもとに改善できるようになると，結果的にルールや原理や理論構築につながり，先生方の納得につながり，調和的・対話的で居心地の良い教育コミュニティの形成となる。焦らず少しずつ進めることが大切である。

③高大の接続，地域，保護者との交流，卒業生との交流が求められる。高校での個々人，グループ研究の段階が進むと，学校の教師だけでは対応しきれない段階になってくる。この場合，様々なネットワークを用意する必要がある。地域の課題の場合は，行政との関係を密にすること。研究内容がある研究所の研究に関わってきた場合，生徒自ら丁寧な手紙を書き，研究

者との交流を進めること。近隣の大学の院生や卒業生の中に類似の卒業研究や，修士や博士論文に携わっている学生等，研究者を探し質問をすること。これらの交流から新たな展開が生まれ，研究が促進することにつながる。また，進路先が決まることもある。

④海外の高校生との研究発表会，交流会を組織することも大切である。上述した学びのコミュニティは，海外の高校生や教師同士の対話や研究発表会を組織するとよい。最初は国の支援下の挑戦的な取り組みであるが，その交流や連携，生徒のエビデンスが明確になると，国際的な企業からの支援が得られる可能性も出てくる。そのようになるためには，科学教育学・理科教育学系の国際的な学会誌に様々な実践結果や理論構築に関する論文を発信したり，関わった大学の同じ専門分野の研究者と共著で発表を継続的に行ったりする必要がある。理論と実践の調和が起きないと，世界は認知しないことは明白である。

## 1.3.6　おわりに

　STEAM教育は日本に住む人すべてを対象として展開する必要がある。さらには，アメリカで主張されているように幼稚園から大学まで展開されることを期待したい。日本の特徴は，これまで優れた教師陣が優れた学習指導要領を大切にし，授業の質を高め，全人教育を展開してきたことである。しかも，SSHやSGH（スーパーグローバルハイスクール）等においても，国立高等専門学校においても，基本的にそれぞれの学校ごとの特徴を生かした内容が構築されてきたと言える。しかしながら，Society 5.0に世界が突入するにあたり，教育界全体が国の境界線を越えて，学校や学校以外での教育の場において，より質の高い教育システムの構築がなされようとしている。学習者の自己実現を遂げようと考え始めている。そのためにも，日本は日本型のSTEAM教育モデル（スタンダード）をまとめ上げることが求められている。STEAM教育システムは，地域を巻き込んだものとすべきであるし，内容には地域を超えた連携協力を求め，海外の高等学校との連動連携を求めることが望まれている。

## 文献

1) America Competes Act of 2007, 2007, H.R.1867
2) Houston, J., Future skill demands, from a corporate consultant perspective. Presentation at the Workshop on Research Evidence Related to Future Skill Demands, National Research Council, 2007
3) 熊野善介，日本理科教育学会編，中学校理科の教育課程が目指す学力，東洋館出版社，98-105，2012
4) 熊野善介，静岡STEMアカデミー 平成30年度ジュニアドクター育成塾報告書，1-97，2019
5) 熊野善介，静岡STEMアカデミー 令和元年度次世代科学者育成プログラム報告書，1-215，2020（http://hdl.handle.net/10297/00027418）
6) 熊野善介，静岡STEMアカデミー 令和2年度ジュニアドクター育成塾報告書，1-200，2021（http://hdl.handle.net/10297/00028222）
7) 熊野善介，静岡STEMアカデミー 令和3年度ジュニアドクター育成塾報告書，1-216，2022（http://hdl.handle.net/10297/00028963）
8) Levy, F., and Murnane, R.J., The New Division of Labor: How Computers are Creating the Next Job Market., Princeton University Press, 2004
9) NGSS Consortium of Lead States, Next Generation Science Standards., National Academy Press, 2013（https://www.nextgenscience.org/）
10) National Research Council, Exploring the Intersection of Science Education and 21st century Skills, National Academy Press, 2010
11) National Research Council, A Framework for K-12 Science Education, National Academies Press, 1-385, 2012
12) Peterson, N., Mumford, M., Borman, W., Jeanneret, P., and Fleishman, E., An occupational information system for the 21st century: The development of O*NET., American Psychological Association, 1999
13) Pulakos, E.D., Arad, S., Donovan, M.A., and Plamondon, K.E., Adaptability in the workplace: Development of a taxonomy of adaptive performance., Journal of Applied Psychology, 85, 612-624, 2000
14) Roehrig, Gillian H., Moore, Tamara, J., Wang, Hui Wang, and Park, Mi Sun., Is Adding the Enough? Investigating the Impact of K-12 Engineering Standards on the Implementation of STEM Integration, Volume 112, Issue 1, 31-44, 2012
15) STEM Education Act of 2015, Public Law 114-59-Oct.7.2015

# 1.4 | STEAM教育実践のための理論的なフレームワーク

## 1.4.1 はじめに

　日本型STEAM教育を構築する上で，STEAMとSTEMとの違いやArtの意味するところなどは吟味しておく必要がある。このことについてはすでに論文で報告済みである（大辻, 2019）が，本節の前半では，その中から理論的枠組みを抜粋して示す。この枠組みを持ってみると，総合学習に限らず，様々な教育事象がより鮮明に見えてくる。

　まずは，Artのイメージを見誤らないよう，始めに事例を挙げていこう。

①エピソード1

　ある高校の合唱祭で，ひとクラス全員がサングラスをかけて歌い，話題になった。病からサングラスが手放せなくなった一人の女子生徒がある日の練習の後，「サングラスで本番に出るのは嫌だな」とつぶやくと，「だったらクラス全員でサングラスをかけよう」ということになった。

　担任の女性教諭は校内で事情説明に回った。「私がしたことはこれだけ。女子生徒を練習に誘ったのも，サングラスをつけようと動いたのも，ぜんぶ生徒たち。リーダーがいるわけでもなく，おとなしいと思っていた生徒たちですが，しっかり成長していました」[1]

　児童生徒を信じて，彼らに任せるのは教師にとっては勇気の要ることである。しかし，チャレンジングな機会や課題を与え，彼らが動き始めたときこそ，思いもよらない成果が出たり，彼らも成長の姿を見せてくれたりする。教師としてのやりがいを感じ，逆に生徒から教わる瞬間をもらったりもする。

　教育活動の一環であることは明らかだが，数学の問題演習とも理科の追実験とも違う教育の原理がそこにある。それは，答えのないところに，児童生徒の創意工夫で何らかの解決策を見いだすという，人間らしい営みがある，という点である。

②エピソード2

　小学校高学年理科に，葉にデンプンができているかどうかについてヨウ素

第1章　日本におけるSTEAM教育の背景と国際動向　43

液を使って調べる実験がある。伝統的にはアルコール湯煎という，児童の発想からは到底出てこない，しかも少々危険を伴う方法が無批判に用いられてきた。結局，葉緑素の緑が邪魔をして，ヨウ素デンプン反応が検知しにくい。そのことに気がついた筑波大学附属小学校の子どもたちは，その昔，新たな実験方法を考え始めた。ミキサーを用いて分離した後，熱して緑を分けようとする班もあれば，濃度を変えた食塩水を複数用意して比重で分離しようと試みる班，漂白剤を用いる班もあったという。

　教科書に載っていない，自分たちで考え出した方法で証明する活動は，どれほどスリリングなものであったことだろう。このクラスの卒業生に小学校の中で印象深かった理科の授業は何かと聞くと，このときの実験が忘れられないという証言も寄せられたという[2]。これも児童生徒の創意工夫で何らかの解決策を見いだすという，人間らしい営みである。理科の追実験には見いだしにくいが，本来の探究活動には，こういった創造性（Art 性）が現れる余地が至るところにある。

　学校では学習者の身の回りに，このようなことはいくらでも転がっている。グループで曲を練るとき「ここはもっと膨らませよう」と提案し合ったり，キャンバスに独り向かう生徒の筆先にも創造性がほとばしる。答えのないところに自ら関与して選択し，方向付けていく。論理的な筋道を立てれば誰もが同じ結論に到達する，というものでは決してない。自然現象の中に決まりや仕組みを見いだそうという試みでも，その総体としての知識でもない。設計図に計画した目標物に向かって，いかに正確に，より効果的にそれを実現しようとするかという営みでもない。予測のつかない，それでいて人間的な活動。これこそが Art の真髄である。しかし，これをより深く理解するためには Art をそれ以外の S・T・E・M と対比させたり，文化的には，西欧における「神」の存在まで触れたりしなければならない。その背景的な考え方は実存主義（Existentialism）と呼ばれる。

## 1.4.2　背景にある 4 つの考え方

　理論的な枠組みを持つと，それぞれの教科の特性や，一瞬一瞬入れ替わる教育手法の特徴が鮮明になる。すると，学習指導要領が改訂されても，重点

の移り変わりを客観的に受け止める視座が用意されるので，改訂のたびに翻弄されるといったこともなくなる。教科の横断性を検討する上でも，子どもを見る見方や学習方法，知識の捉え方の微妙な差異まで，こういった広い視野をもって俯瞰する視点は不可欠である。

　そこで，教師になろうとする欧米の若者が使用するテキスト[3]を紐解いてみる。そこには，教育事象を理解する上で基本となる4つの考え方（哲学）―理想主義（Idealism），現実主義（Realism），実用主義（Pragmatism），実存主義（Existentialism）―が示されている。以下，大辻（2019）を基に記載する[4]。

表1　背景となる4つの哲学（Ornstein & Hunkins, Overview of Major Philosophies より）

| 哲学 | 現実 | 知識 | 価値 | 教師の役割 | 学習の重点 | カリキュラムの重点 |
|---|---|---|---|---|---|---|
| 理想主義 | 精神，道徳，メンタル変化しない | 潜在的理想を思い起こす | 絶対的永遠 | 潜在的知識や理想を意識化する道徳的精神的リーダーに | 知識・アイデアを呼び起こす抽象的思考が最上の形式 | 知識が基本科目中心古典的リベラルアーツ階層的科目哲学・理論・数学が最も重要 |
| 現実主義 | 自然の摂理に則る対象的物の成り立ち | 感覚と抽象からなる | 絶対的かつ永遠自然の法則に基づく | 合理的思考を養う道徳的精神的リーダーになる権威者になる | マインドを鍛える論理的・抽象的思考が最高の形式 | 知識が基本科目中心芸術と科学階層的科目人間的科学的科目 |
| 実用主義 | 個人と環境の相互作用常に変化 | 経験に依拠科学的方法 | 状況依存・関係的変更と検証 | 批判的思考，科学的過程を養う | 環境を変え，科学的説明をあやつる方法 | 固定的永続的な知識・科目はない文化を変え個人もそれに対応させる適切な経験問題解決的活動 |
| 実存主義 | 主体的 | 個人の選択による | 自由な選択個々人の感覚に依拠 | 個人の選択や個人的定義づけを養う | 人間としての知識や原理選択の活動 | 主体的選択選択科目感情的・美的・哲学的科目 |

　理想主義と現実主義の起源は古代ギリシアに求められ，普遍的な神の世界と，移り変わりのある人間の世界との区別を根底に想定している。そして，いずれも普遍的な真理（Truth）に近づくことが神に近づくことであり，そ

れは絶対的な価値があることとされる。

　理想主義（代表者はプラトン）では抽象的な概念とその関係性が重視され，これに従うカリキュラムは階層的になる。分野としては哲学，神学，数学などが最も上位に位置づき，歴史，言語も重視される。なぜならば，言語は神から人に許されたツールであり，抽象的な思考のために必要だからである。一方，移りゆく現実世界の因果関係を扱う科学の位置は，低い。「数学には，諸事象に潜む数理を見いだし，それを的確に表現することへの大きな期待が寄せられている」[5]という文部科学省の資料も，この部分は理想主義に沿っている。

　現実主義（元祖はアリストテレス）は，すべてのものに目的があるという考えで，やはり神が背後にある。Nature は神の業であり，神による自然の法則に従うとき合理的になる。教育はその背後の目的を明らかにすることと捉えられ，事物現象から感覚を通してその背後にある法則を求めていく。具体から始まり抽象に向かうペスタロッチの方法も，このテキストでは現実主義に分類されている。理想主義同様カリキュラムには階層が生じ，一般的・抽象的なものがやはり上位で，論理的・抽象的な思考を養うものが重視される。一方，3Rs（Reading, Writing, Reckoning）や科学も重視されてくる。

　新しく登場する実用主義の「実用」とは，単に生活に役に立つ，実利を重んじるという意味ではない。真理や信念を判断する上で，それが有用であれば真理として認めようという立場である。「（神の）真理よりも上位に，（人間の）経験の有用性や生きるのに役立つといった設定をし，価値がある」という基準を置く。また，「道具主義」とも呼ばれる。これは，「考えることがどのように環境を変える道具として役立つか」というスタンスから来る。実用主義では前述の二つと違って，真理や普遍的な価値を認めず，変化や過程が重視される。知識は真理性をもった絶対的なものではなく，絶え間ない変化の過程にあるものとして解釈され，手続きを経て確認されたものが確からしいとされる。このことから「実験主義」とも呼ばれる。この考えに従えば，学習というものは「問題解決の中」にあり，「仮説から信念に至る過程」という解釈になる。学習者もそれをとりまく環境も，絶え間なく変化する。学習の中で児童生徒に培われるべきものは，学習内容そのものよりも，批判的

思考に重きが置かれる。つまり，What?，Who? や When? よりも，Why?，How come? や What if? といった疑問を重視する。最近，文部科学省が主張し始めた「何を学ぶかよりもどのように学んだか」にも通じる。"Teaching is more exploratory than explanatory."（授業では教師による説明ではなく，生徒の探究こそ肝要である）である。

　実用主義登場の背景には，19世紀のダーウィンの進化論や，20世紀に入っての相対性理論といった学問的な発展もある。それまで信じてきた知識が大きく揺らいでしまった。教育の領域ではセツルメントから歩み出したジョン・デューイが，生活（human condition）を改善する過程が教育であり，学校は社会の縮図とした。理想的には教育課程は子どもの経験や興味に基礎を置き，教育内容は教科横断的に，その方法は問題解決学習となり，科学の方法を重視する。

　実用主義は神から距離を置き，知識についての考え方も，授業の方法までも大きく変わった。戦後すぐの学習指導要領では，生活単元学習が特徴とされ問題解決学習が導入された。しかし，これら西欧における哲学的な変化をどれだけ意識して戦後教育を始めたのか。文部科学省の document にその特徴が再登場しつつある現在，改めて検討しなおす必要がある。

　実存主義は個人主義や自己実現を最大限に重視する。個性やアイデンティティは「選択」をしつつ形作られ，選択の主体自身が「個人」を形作ると考える。教育によってなされるべきは，全員に共通した知識・能力の獲得ではなく，個々に違ったものであり，個々が将来選択をするときに必要な知識・技能・能力を身に付けさせること，となる。当然，学習内容や方法も個々人によって違ってくるが，それさえも生徒の選択によるべきと考える。

　学校は産業革命以来，組織だった学習を通して個人を社会化させる場所であり，集団規範や権威，確立された秩序を強制するという側面があった。実存主義はそれらの強制を拒絶し，標準や習慣といったものを取り入れようとしない。当然国家主義に立つ保守層からは学校にそぐわないという批判が上がり，システマチックでなく，自由放任（laissez-faire）だと批判される。

　実存主義のカリキュラムは，自由や選択を可能にするような経験・主題からなる。その好例が Art とされる。そこには自己表現や自己実現があり，

教師と生徒が議論を重ねつつ作りあげていく。西欧の教育実践では Art（美術）の他に Literature, Drama, Filmmaking, Music などが挙げられ，自己表現を通して内面の感情や感性を表現する。前述のように科学的な探究の中にも，Art 性を見いだすことができる。また，「三つの柱」にある「表現」に通じる部分もあれば，ファシリテイターとしての教師という主張に通じる部分も垣間見える。

　このように見てくると，Art の背景にはそれまでとは大きく違った哲学的背景があることがわかる。知識観，児童生徒観，教育観といった根底から，理想主義や現実主義とは違うものをもっている。STEM 教育に Art を入れるとき，学習者を最優先に置く立場から来るものであることを肝に銘じ，個々の発想を大切にした，文字通り「学習者主体」の探究活動を展開する必要がある。これまでの Discipline-centered か Student-centered かという議論にもつながる。「教科横断・文理融合」という言葉を掲げたとき，大人が区分けした学問領域が先に想定されていることにも注意しよう。

　洋の向こうの新人教員は，こういったことを学んで教壇に立っている。教育課程をながめれば，これら 4 つの思想が各所に入り組んでおり，一つの授業時間の中でも，場面場面で入り組んでいることがわかる。

### 1.4.3　総合学習の特質

　深淵に横たわる文化的・歴史的・哲学的背景を片方で意識しながら，教科横断・文理融合的総合学習をもっと具体的に考えるために，「授業」を構成要素に分解して押さえるところから始めてみよう。

　「一般に教育は，目標，内容，方法，評価から成る」（佐藤，2017, p.96）という指摘が今や普通になされる。これは，「教育工学的アプローチ」と呼ばれた，授業設計による授業の構成要素の考え方が基にある。その先駆である坂元昂氏は目標，内容，教材，展開，教授媒体，指導法，指導形態，教授活動，学習者の特性，評価問題を挙げている（坂元，1980, pp.130-131）[6]。小金井正巳氏は目的を目標と分け，目的（Goal または Purpose），目標（Objectives），内容（Contents），方法（Methodology），評価（Assessment/evaluation）としていた[7]。教育基本法で謳う「人格の完成」や理科の「自

然への畏敬の念を育てる」といった抽象度の高いねらいは「目的 Goal」であり，児童生徒に具体的に獲得される知識・技能は「目標 Objectives」として区別する。こういった区分を導入した当時の教育工学者の関心は授業の改善（改造）にあったが，有田和正氏はこの区分を「総合的な学習の時間」を特徴づける議論の中で用いている（図1）。

　「教科」というのは，文部省が，「ねらい・内容・方法・時間」を示し，主たる教材として「教科書」が作られることになっている。（中略）

　総合的学習を教科・道徳・特別活動と同列の領域としないで，領域の上に位置づけて，教科・道徳・特別活動などの領域と横断的・総合的に学習しやすい構造にしたのである。

　しかも，「総合的な学習の時間」は，「ねらい」と「時間」のみを示し，教科書は作られず，内容と方法は「各学校が創意工夫」することとした。教科書を作ったら，教科と同様に，また画一的な内容になるからである（有田，2000）[8]。

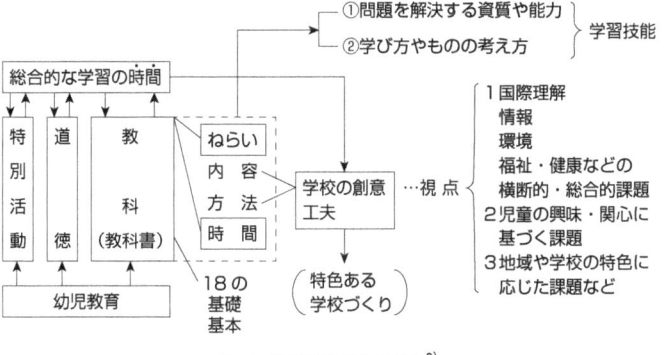

図1　新教育課程の構造 [8]

「総合的な学習の時間」が教科の一つではない所以である。教科書が発行されないという点は，塩野直道や岡現次郎が「自然の観察」に込めたものに共鳴する。

　初等社会科教育のリーダーであり，問題解決学習をとおして「追究の鬼」を育てることを Goal に置いた有田氏は，将来子どもたちが大きくなって出くわす事態（問題）に備えるものとして「学習技能」を備えることを「目標

Objectives」に置いた。「最低限，この『18の学習技能』を各教科・道徳・特別活動などで育てなければ，総合的学習は成立しない」と言い切る。これも，将来の選択を想定する実存主義と共通する。

前述の基本となる考え方を借りれば，問題解決学習という実用主義を採りながら，根本の態度は実存主義に立っていたと捉えられる。

「今回の改訂では『考えるための技法』を学習指導要領上に明確に位置づけた」（田村，2017a; 2017b）[9]とされるが，その素は有田氏がおよそ20年も前に「探究のための学習技能18の基礎基本」として示したものである（図2）。有田はすでに「資質・能力」という用語も用いていた。

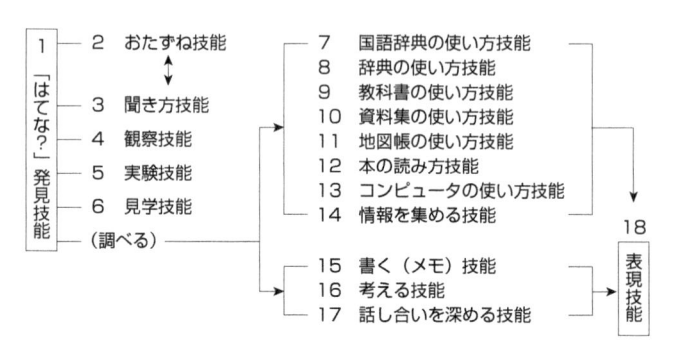

図2　18の学習技能 [8]

教師の立ち位置について，「総合」や探究活動では教師はファシリテイターに徹する，という主張をよく見かける。ここにも実存主義がみてとれる。思考の枠組みを借りるまでもない。新たに登場してきたことでは全くなく，我が国の教育現場でもずっと前から「教師はしゃべらない」，「待つ」，「教師は教えない」と伝えられてきた。洋の向こうではエレン・ケイが100年以上前に“the great secret of education lies hidden in the maxim, 'do not educate'.”（教育の最大の秘訣は教育しないことである）と指摘している（Key, 1909, p.109）[10]。

単純には教えることが職業と思われている教員が教えてはいけないというのは，まるで「隻手の声」のようなものである。児童生徒の学習面での実存主義と同時に，教師の創意工夫が求められる。戦前からの標語を使えば「倶

学倶進」となる[11]。「師道は菩薩道である」という主張[12]も正当化されるだろう。

### 1.4.4 子どもに落ちた課題

昔から教育心理学の領域で「動機付け」の重要性が指摘されている。やる気が出たときの子どもほど頼もしいものはない。また，活動が長続きもする。探究活動では，「課題設定」が最も大事であり難しいとも言われている。先の筑波大学附属小学校でもずっと前から指摘されていた。

> 特に，「はてな？発見技能」をしっかり身に付けていなければ，総合的学習で，自分のやりたいことが見つけられないことになる。

> 総合的学習は，教科のように教師は，教え・わからせ・理解させるものではない。子どもが，自らやりたい「はてな？」を発見し，自らの学習技能を使って問題を解決していくものである（有田，2000, p.50）[8]。

「その課題は本当にその子どもの課題になっているのか？」という議論が実践の後の協議会の場でなされる。しかし，最初は友人に引きずられたり，いやいや始めたりしたものが，途中から面白くなってのめり込むこともある。態度，精神の側面はゼロ・イチで測ることもできないし，少し長い目で時間軸も取り入れて構えることも重要であろう。その醸成に時間がかかる場合があることも認識しておきたい。いずれにしても，課題が教師からもたらされたものではなく，子どもの課題になっているか。子どもに落ちたものであるかが重要である。

### 1.4.5 おわりに

海外で容易に手に入る資料をもとに4つの背景的思想を示したのは，我々が考える枠組みを持つ必要性を感じたからである。予測不可能という将来の社会像が描かれたあと，以前は今と違って基礎・基本が重要と主張された[13]。その都度どのような指示が降ってきても翻弄されない視座がなければ，不信感が増すばかりで新たなものは構築できない。しかし，児童生徒を最優先させるのであれば，それはずっと前から自分たちが大切にしてきたものだと，動じる必要はなくなる。

STEAMのArtをリベラルアーツと同様とする主張があるが，それがいかに浅薄なものであるかも見えてくる。現場で錬成されたものが一番強い。それを知らない政治家や技術者が2009年の経済対策で始まった動きに乗じて乱入し，一部の教育者が旗を振っている。主体たる子どもに対峙することからもう一度仕切り直し，先達が打ち立ててきたものに真摯に向き合うこと。教師という専門性に自信を持ち，発信すること。子どもを信じて委ねてみること。問われているのは，新しいものに飛びつく器用さではなく，あたりまえの本質を見極めて前進する勇気と余裕である。

## 文献・注

1) Withnews，全員サングラス姿で合唱　ワクチン接種で苦しむ彼女と共に　宮古高校，2015.10.21
  曲も尾崎豊の「15の夜」であり，サングラスは曲想にあっていたという。
2) 筑波大学附属小学校元副校長平松不二夫氏の談。このあと「たたき染め」が他の人から提案され広まらなかったと苦笑されている。
3) Ornstein, A. C. & Hunkins, F. P., Curriculum: Foundations, Principles, and Issues (6th ed.), NJ: Pearson, 31-33, 2012
4) 大辻永，STEM/STEAM EducationのArtをめぐって〜研究ノート〜，東洋大学教職センター紀要，Vol.1, 69-75, 2019
5) 中央教育審議会答申「幼稚園，小学校，中学校，高等学校及び特別支援学校の学習指導要領等の改善及び必要な方策等について（答申）」，p.143，2016年12月21日
6) 坂元昂，授業改造の技法，明治図書，130-131，1980
7) 小金井正巳氏による大学院の授業ノートより
8) 有田和正，「はてな？」で総合的学習を創る先生，図書文化，2000
9) 田村学，総合的な学習の時間改訂のキーポイント，小学校新学習指導要領の展開総合的な学習，明治図書，p.14，2017a
  田村学，総合的な学習の時間改訂のキーポイント，中学校新学習指導要領の展開総合的な学習，明治図書，p.14，2017b
10) Key, E., The century of the child. New York, NY: Arno Press, 1909
11) 倶学倶進は戦時教育令（昭和20年）の中にも見られるが，昭和33年改訂の小学校学習指導要領を作成した丸本喜一の資料にも散見される。丸本は同格同行ともいう。
12) 大辻永，科学教育授業実践にみる日本仏教の影響，平成24年度文部科学省科学研究費補助金（挑戦的萌芽研究）中間まとめ，2013
13) その背景には総時間数の削減があった。もっと先のねらいもあったのかもしれない。

# 第 2 章

# STEAM教育に対する
# 日本の姿勢

# 2.1 日本のSTEAM教育の背景と特色

藤岡達也

## 2.1.1 教育界の背景としての国内外の STEM 研究

　教育界の動向も時代の背景を考える必要がある。初めて法的な拘束力が明確になった 1958（昭和33）年学習指導要領に託された科学技術の振興は，アメリカのスプートニクショックが大きな影響を与えた。

　科学教育の充実を教育界に求めるのは，いつの時代も同じである。学習指導要領に記された，この時の国際的な理数教育の充実は，STEM 教育の観点からも捉えることができ，むしろ，その後の理数教育への姿勢も各時代のSTEM さらには STEAM 教育の視点からも検討することができるのである。

　国の基本政策とも連動する科学技術への期待は，豊かさや便利さを求めてだけではない。日本において，理数教育の充実は，経済活動等の振興，活性化へもつながると平和的に捉えられているが，世界も同じであると言えるだろうか。

## 2.1.2 軍事技術と STEM

　「スプートニクショック」の言葉が示すように宇宙開発は，そのまま軍事技術に直結するため，アメリカの衝撃は大きかった。その後も米国内で「教育の現代化」が謳われた時代は，冷戦状況にあったことを無視できない。幸い，日本は戦後「戦争を永久に放棄」したため，軍事産業は意識せず，平和的活用のみを目的とした中で，科学技術の開発に努めてきた。現在においても，宇宙衛星など，軍事への応用（目的？）を考えずに，気象予測や位置情報などに取り組んでいるのは世界で日本だけとも言えるだろう。第 2 次世界大戦後は現在に至るまで，教育界の中では，軍事に関連する産業や技術内容に触れることは避けられている。

　ちなみに原子力発電の利用など，政策・政治的な内容が含まれていたり，大人や社会の間で結論が出ておらず，議論が分かれていたりする内容については，これまでの学校教育では取り扱うことが避けられてきた。自然災害も含め，事件・事故災害を取り扱う場合は，被害者等に配慮するのはもちろん

のことであるが，今後は社会でも議論され，教員にとって指導に戸惑う内容についても学校教育では無視できなくなっている。

このような状況の中，現在のロシアによるウクライナ侵攻の情勢を見ると，歴史は繰り返され，再び冷戦時代に戻った感すらある。それ以上に核兵器使用の可能性を始め，第3次世界大戦すら懸念させられる。新たに開発された非人道的な武器使用の緊張が高まっており，アジアでも国際平和との調和を意識せず，中国の海洋進出や北朝鮮も様々なロケットミサイルを開発し試射している。先述の「日本は戦争を放棄した」が「戦争は日本を放棄した」のか疑問視され，ウクライナの状況が報道されるたびに多くの人が不安に感じ，国防への議論が高まっている。

戦争が始まると，開発されていた多種類の兵器が使用され（多くの日本人がその存在すら知らなかった），世界の歪んだSTEMの実用化が悲惨な光景と共に明確になり，映像を通して平和な日本に住む人々も衝撃を受ける。これまで他国の紛争や戦争などについて，日本国内での関心は高いと言えなかったが，自然災害と同様に他の国，地域のことと他人事のように考えずに，自分の立場や国に置き換えて捉えることができるようになるのも今後の教育の役割であろう。

## 2.1.3 ウクライナ情勢に見る各国の STEM 政策と STEAM 教育の意義

科学技術に関する革新は，国際的な経済活動にも大きな影響を与える。半導体や電子機器類，自家用車や新幹線に至るまで，日本としても科学技術の成果とも言うべき製品の国際間競争は営業などを通し，熾烈な販売競争も展開している。世界では軍事技術に裏付けされた武器類についても例外ではない。国際統計・国別統計専門サイト「グローバルノート（GLOBAL NOTE）」は，「世界の武器輸出額　国別ランキング・推移」を掲載している。それによると，2020年の武器輸出額の上位国は，①アメリカ　93億7200万ドル（1兆円），②ロシア　32億300万ドル（3418億円），③フランス　19億9500万ドル（2129億円）となっている（1ドル＝106.7円（2020）で計算）。それ以前にはイギリスが3位に入っており，今後の変動も予想される。GDP

が世界1位のアメリカと比べて，ロシアは11位にもかかわらず（表1），輸出額が高い。ある意味では，軍需産業はロシア経済にも一定の貢献をしてきたと言える。図1は軍事費の対GDP比（2020年度）をグラフにしたものである。サウジアラビアのように軍事費の割合が突出している国も見られる。

表1　世界のGDP（10億US $），2021年

| 1 | アメリカ | 22,996.08 |
|---|---|---|
| 2 | 中国 | 17,744.64 |
| 3 | 日本 | 4,932.56 |
| 4 | ドイツ | 4,262.77 |
| 5 | イギリス | 3,187.63 |
| 6 | インド | 3,176.30 |
| 7 | フランス | 2,957.43 |
| 8 | イタリア | 2,101.28 |
| 9 | カナダ | 1,988.34 |
| 10 | 韓国 | 1,810.97 |
| 11 | ロシア | 1,778.53 |

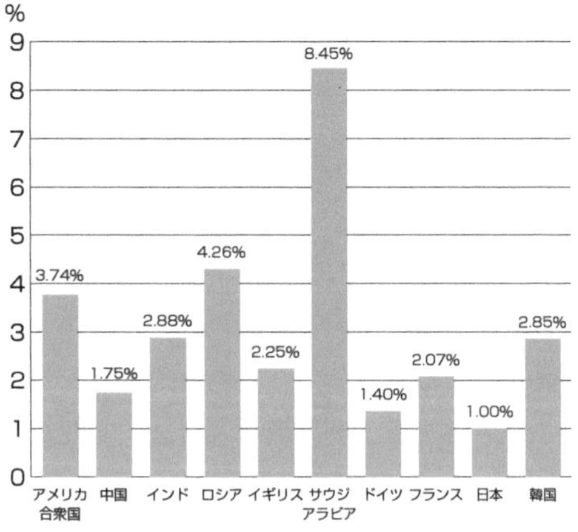

図1　主要国の軍事費の対GDP比

　主要国の中での軍事費を高い順に見ると①アメリカ（7782億ドル），②中国（2523億ドル），③インド（729億ドル），④ロシア（617億ドル），⑤イ

ギリス（592 億ドル），⑥サウジアラビア（575 億ドル），⑦ドイツ（528 億ドル），⑧フランス（527 億ドル）となっており，次に日本の491 億ドルが続く。この数字からもアメリカの軍事費が突出していることがわかる。

　ロシアは軍事費もアメリカの約13 分の 1，中国の約 4 分の 1 と差を開けられている。ロシアの経済は1991 年のソ連崩壊後は落ち込んだが，2000 年代以降，原油や天然ガス等の輸出によって，経済的な回復だけでなく，EUにも影響力を持つようになった。同時に軍需産業も重要な輸出産業の一つとして外貨を獲得してきた。

　特に戦車は，陸軍大国と呼ばれるロシアの象徴的存在であり，多数の国が購入してきた。その代表的なものが，ウクライナへの侵攻にも用いられている T-72，T-90 である。T-72 は旧ソ連時に採用されたロシア陸軍の代表的な戦車であるが，2022 年のウクライナ侵攻において苦戦している。CNN など海外の報道では，アメリカやヨーロッパ諸国から供与された対戦車ミサイルのジャベリンや NLAW，対戦車弾の AT-4，トルコ製軍事ドローンのバイラクタルなどが，ロシア戦車を多数破壊しているように伝えられている。

　1990 年に勃発した湾岸戦争では，日本は憲法の制約から全く軍事的には関与することはできず，約 2 兆円分の提供を行ったにもかかわらず，クエートを始め，関連諸国から感謝はなかった（提供した物資も軍事に関わるものは避けられたため，ウォークマン等の提供であったとも言われている）。ただ，世界は軍事技術の競争を意識しており，イラク軍が旧ソ連から購入していた T-72 がアメリカ M-1 やイギリスのチャレンジャーに惨敗し，ロシア軍の戦車に対して疑問を抱いた専門家も多かった。それでも，イラク兵の技術やトレーニングの問題，軍事兵器を輸出する場合，自国の兵器よりレベルを落とした場合が多いので，ロシア製戦車の水準が疑われることは少なかった。ここでは，STEM の観点からそれらの特色を詳細に述べないが，STEMと軍事技術とに大きな関連性があることがわかる。つまり，科学技術の振興のため，これまでも現在，そして将来も STEM への研究，政策が重視されているのは軍事と連動している。

　必ずしも日本でも無関心でないのは，T-72 等をはじめ戦車や戦闘機等のプラモデルが国内で多数販売，購入されている事実からも明らかである。た

だ，旅客機，乗用車などのSTEMの成果を持ち，Aとしての機能的な装備の持つ美しさが，軍事兵器にまでSTEAMとして，捉えることができるのは遺憾ではある。そもそもプラモデルも子ども用の玩具としてではなく，軍事的な利用がその始まりだが。

確かに，第1章で述べてきたようにSTEM教育は科学技術の総合教育として，軍事兵器の開発にも転用できる。同時に，今日Aを含めたSTEAM教育は，倫理や哲学など人格形成の方法の一つとしても重視されている。STEM教育に留まらないSTEAM教育には，環境破壊や非人道兵器の廃止など，戦争の抑制にもつながることを期待したい。

### 2.1.4　日本での負の側面を持つ軍事技術以外のSTEM内容

戦後長らく続いた日本の平和な時代では，新幹線や自動車・オートバイ等にSTEMもしくはSTEAMの成果が現れていたかもしれない。

近年の日本の科学技術を遡ってみると，軍事技術に心血を注いでいたのは日本とは無関係な他国ばかりではない。零式戦闘機，紫電改の戦闘機の開発から，大和，武蔵の巨大戦艦の建造まで，世界最高水準のSTEMに取り組み，戦後は言葉に出すことすら憚られてきたと言える。不思議なことに，過去に柳田邦男氏や吉村昭氏が，科学者・技術者，国策に携わった人間たちの葛藤を主題とした文学作品を書かれているが，これはSTEAM教育の教材となる。

第2次世界大戦以降も，日本において科学技術の二面性は，公害時代の化学物質等の汚染による被害，さらには，東日本大震災での東京電力福島第一原子力発電所事故などでも明確になった。軍事技術と同様に，これらの住民等への大きな被害は，被災地域の中では取り扱うことが避けられる傾向にあると言える。特に教育界において，負の側面は，子どもの発達の段階から考えると，小学校では取り扱うことに慎重さが求められる。関係者が被害を受けたためだけでなく，保護者が関連する企業に従事することも珍しくないからである。

被害の因果関係の説明に科学的な知識・概念等が必要な場合，学習指導要領での理科の取り扱いに限界があるのも教えることを困難にしている原因であった。そのため，公害についても人間の体に被害を及ぼした化学物質の特

質等については踏み込まず，人間活動の側面から社会科の内容での取り扱いに留まった。福島第一原子力発電所事故や放射線等についても，この課題がより明確になった。小学校段階からの取り扱いが必要と考えられても，どのように科学的知識の習得に対応していけば良いのか，現在も模索中である。これらのSTEM，STEAM教育からのアプローチは，現代的な諸課題への取組方法として重要であるため，他のところで説明，紹介したい。

### 2.1.5　理数教育充実の変遷と時代背景

さて，緊迫するウクライナ情勢を踏まえながら，STEM教育，STEAM教育について考察したため，初めて法的拘束力を持った学習指導要領の背景を現在と重ねてしまったが，ここで，学習指導要領と理数教育の関係性に話を戻す。戦後，学習指導要領の改訂は，生活体験型学習と知識系統型学習を振り子のように行き来してきたと言われる。

表2　学習指導要領の変遷

| 制定・改訂<br>告示年度 | 主なキーワード（特色・内容等） |
|---|---|
| 1947（昭和22） | 学習指導要領（試案）<br>成立した教育基本法（1947）との整合，生活単元学習<br>アメリカの経験主義思想による問題解決学習 |
| 1958（昭和33）<br>高校1960 | 法規制を持つ初の学習指導要領<br>知識の体系性・系統性，科学技術教育の重視 |
| 1968（昭和43）<br>中1969，高1970 | 教育内容の現代化<br>探究活動・科学の方法 |
| 1977（昭和52）<br>高1978 | ゆとりカリキュラム（落ちこぼれの問題化）<br>教科の学習内容削減，情報教育・コンピューター導入 |
| 1989（平成元） | 新しい学力観と個性重視の教育<br>教科の学習内容を引き続き削減，「生活科」の創設<br>理科離れの懸念 |
| 1998（平成10）<br>高1999 | 自ら学び，自ら考える「生きる力」の育成，教科内容3割削減<br>学校週5日制，「総合的な学習の時間」の創設<br>高校に教科「情報」が新設 |
| 2008（平成20）<br>高2009 | 教育基本法の全面改正（2006）の反映<br>小中高の理科の内容性の系統重視（物・化・生・地）<br>授業時数の増加，理数教育の充実，小学校英語 |
| 2017（平成29）<br>高2018 | アクティブラーニング（主体的・対話的で深い学び）<br>カリキュラム・マネジメント<br>高校情報科に共通必履修科目「情報」が新設 |

言い換えれば，生活・体験への応用を求めるゆとり的な取り組みと基礎基本となる知識・技能重視の取り組みとの往還である。これらを STEAM 教育の視点から捉えると，従来とは少し異なった見方ができるかもしれない。表 2 に，これまでの学習指導要領の特色の変遷を示した。

ここで注目したいのは，平成 15 年の改正で「学習指導要領」の記載は，これまで取り扱う内容として最大限の取り扱いであったが，最小限の内容と見なされるように変化したことである。すなわち，この時以降，学習者の興味・関心や理解，地域や学校の実状に応じて，学習指導要領に記載されていないことの取り扱いが可能となった。

## 2.1.6 東日本大震災発生後の福島第一原子力発電所事故の影響

最近の日本の教育界で STEAM 教育が最も切実になったのは，福島第一原子力発電所事故であろう。前回の学習指導要領に引き続き，理数系教育の充実が図られた平成 20 年告示の学習指導要領に基づく教育活動が始められようとした平成 23 年度の新学期直前の 2011 年 3 月 11 日に，東北地方太平洋沖地震が発生し，未曾有の東日本大震災となった。この中で 10 年以上経っても，震災前の完全な復興への見通しが立っていないのが，帰還者困難区域が残り，廃炉までの経費・時間等が想定できない福島第一原子力発電所事故の対応と言える。現在の日本の STEAM に解決が求められる最大の課題である。

教育界において，震災発生後にすぐに対応せざるを得なかったのが，福島県の児童に対するいじめの問題であった。福島県から避難してきた転校生が「放射線がうつる」と言っていじめられたり，恐喝事件さえ発生したりした。法務省はすぐにいじめに関しての諸注意を喚起した。また，地域の困惑も大きく，放射線被害の生じた飯舘村では小学校の女児が教育長に自分は一生子どもを産むことができないのでしょうか，という質問をすることすらあった。

このような状況から，福島県教育委員会や文科省は放射線に対する正しい知識の習得に小学校段階から取り組まざるを得なかった。ただ，小学校段階から放射線に関する知識を児童が習得することは楽なことではない。教える

側の小学校教員も放射線に関して知識・技能が十分であるとは言えない状況である。そこで，福島県教育委員会は義務教育課が中心となって，震災後すぐに小学生や指導教員用に副読本やDVD教材などを刊行し，それを基に教員研修を実施した。さらに環境創造センターの設置やその活用を全県的に進めた。次にこれらをSTEAM教育の視点から検討してみたい。

### 2.1.7 STEAM教育の観点から見た福島第一原子力発電所事故と放射線の取り扱い

まず，東日本大震災発生直後，特に福島第一原子力発電所事故による学校対応の福島県教育委員会の取り組みを追っていく。先述のような状況から県教育委員会は放射線教育副読本の作成を最初に手掛ける。さらに，全県において教員研修を実施した。福島県の面積は，北海道，岩手県に次ぐ広さである。そのため，研修会参加者の便宜を図って，当初から数か所で開催され，途中から全県を分割した6つの教育事務所で放射線に関する教員研修が実施された。

また，東北地方太平洋沖地震によって，原子力発電所事故だけではなく，宮城県や岩手県等と同様に，地震によるインフラ等への被害，沿岸部では津波による被害も甚大であった。さらには福島県には1888年に噴火し，100名以上の犠牲者を生じた磐梯山，将来にわたって噴火の可能性の高い安達太良山，吾妻山など数多くの活火山も存在する。日本列島の各地域同様に毎年の前線の発達や台風の直撃からも免れることはできず，河川の氾濫や溢水による被害も珍しくはない。そこで，防災教育に関する副読本を作成し，県内6つの教育事務所が放射線教育・防災教育を毎年実施することとなった。各教育事務所では，研究協力校も依頼し，その学校では，放射線・防災教育の取り組みが行われた。自然災害に関する防災教育も予知・減災，復興等を取り入れるとSTEAM教育の実践となる。実際，福島県の学校では，そのような取り組みも見られた。

また，県内の学校では，バスにより福島県環境創造センターを訪問し，スタッフから関連した実験・観察などを通して，放射線や原子力発電事故について学ぶことになった。それまでも原子力発電所では，地域の子どもたちだ

けでなく，保護者や住民も対象として見学会が開催され，発電所周辺に理解を促進するための施設も設置されていた。それらの施設は，福島第一原子力発電所事故以前では，原子力発電のしくみ，エネルギー施策，放射線の様々な活用などの，いわば科学技術のプラス面の理解に重点が置かれ，事故についてのリスクなどは取り上げられることはなかった。しかし，2011年事故後は各地の原発の展示館などで，事故を生じさせないためにどのような取り組みをしているかにも力点が置かれるようになっている。廃炉への長い道のりも含め，今後はSTEAM教育だけでなく，STS（科学・技術・社会相互関連）の視点も不可欠となることが考えられる。そのため，Aに社会的な意思決定まで含めて考えていくことも，これからは期待される。

## コラム　文科省の放射線副読本

　福島第一原子力発電所事故後，文科省もすぐに「放射線副読本」の小学校版，中・高等学校版を刊行した。これらは放射線とその活用を中心に記載されており，STEM教育の視点に立って作成されていたと捉えることができる。ただ，放射線をわかりやすく解説しようとしているに過ぎず，福島第一原子力発電所事故には触れられていないため，この副読本に対しての批判が強かった。

　そこで，文科省は，この副読本を改訂し，第2版を刊行した。この改訂版は2部構成となっており，第1部では福島第一原子力発電所事故とその被害，第2部ではそれまでと同様に放射線の科学的な説明が中心であった。むしろ，改訂版では，STS（科学・技術・社会相互関連）教育からの取り扱いが可能となったと言える。しかし，内容的には依然として初版と同じSTEM教育の内容と言っても良い。

　第3版の改訂では，新たに福島県の復興の状況，実話に基づいた外部からの言葉によって中学生の心が傷ついた例が記載され，道徳・倫理面にも踏み込まれた。これらのことからSTEMの観点だけではなく，STEAM教育に近い内容に改訂されたと言えるかもしれない。

　さらに2022（令和4）年には第4版の改訂がなされたが，基本的には第3版の延長上にある。

## 2.1.8 放射線教育にみる STEM 教育，STEAM 教育

　福島県教育委員会，文科省の放射線副読本の基本的な知識・技能について STEM の視点から考えてみる。放射線とは何か，放射線はどこにも存在する，の観点は「科学」であり，見えない放射線をどのように捉えてきたかは「技術」であり，放射線をどのように活用するかは「工学」であると言える。また，人間や生物に対して影響を与える放射線量等は「数学」の範疇であろう。福島県内では，各地にモリタニングポストが設置され，そこでの数値，単位は放射線を理解するための基本的な指標となる。「放射線」の影響や理解のための教育には STEM 教育を構成するそれぞれの観点からアプローチが可能である。一方で，それらの関係性を連動して捉えることが，今後の社会や人間のつながりを考える上で重要となる。

　以上のように，これまでの放射線副読本の編集は基本的には，放射線とは何かについて，STEM 教育の視点で取りまとめられた内容であろう。しかし，いじめ対策についての道徳・倫理，復興への教育，今後の原子力への考察は STEAM 教育である。先述の現学習指導要領解説総則編では現代的な諸課題の一つに「放射線教育」が取り上げられており，教科横断カリキュラム・マネジメントの視点が重視されている。カリキュラム・マネジメントの実施が期待される一つには，開かれた教育課程がある。それでは，具体的に学校ではどのように展開が可能であるのかは，第 3 章で小学校を例に解説する。

## 2.1.9 現代的な諸課題と STEAM 教育

　STEAM 教育の中の A をヒューマン・リベラル・アーツとして，平和な観点から，今後の活用を発信できるのは日本だけかもしれない。本書においても，第 3 章では，エネルギー問題，環境問題，防災・減災など，日本における現代社会の課題へのアプローチとして，STEAM 教育への視点から実践例を紹介するが，国際的に見ると軍事との両面性を兼ねた STEM が注視されるのも残念ながら事実ではある。

　令和 3 年 3 月 26 日に閣議決定された「科学技術・イノベーション基本計画」では，初等中等教育段階から Society 5.0 時代の学びを実現していく必要があり，好奇心に基づいた探究力の強化に向け，STEAM 教育など問題発見・

課題解決的な学びの充実を図ることが求められた。令和3年1月26日「『令和の日本型学校教育』の構築を目指して〜全ての子どもたちの可能性を引き出す，個別最適な学びと，協働的な学びの実現〜（答申）」では，STEAM教育の特性を生かして，実社会につながる課題解決等を通じた問題発見，解決能力の育成など，現代的な諸課題に対応して求められる資質・能力を育成する必要性が述べられている。さらに，児童生徒一人一台端末が普及し，それを使った情報活用能力を育成することが記載された，平成29年告示学習指導要領が小学校から段階的に施行されており，各教科の目標とも連動した情報活用能力の育成が求められている。

## 2.1.10　学習指導要領における具体的な STEAM 教育の取り扱い例

　具体的な近年の新たな教育課題にどのようにSTEAM教育は対応できるのか。例えば，2011年の東日本大震災以降も頻発する自然災害を踏まえ，2017（平成29）年に告示された学習指導要領では，自然災害に関連した記述が理科や社会など各教科の中で増加した。さらに，各教科を超えたカリキュラム・マネジメントの視点から，小学校学習指導要領や中学校学習指導要領（平成29年告示）解説総則編付録6には，「防災を含む安全教育」（現代的な諸課題に関する教科等横断的な内容）が一つの項目として示された。小学校段階においても教科の特質に応じた，プログラミングの実施が可能であると記載されている（文部科学省，2018）。これまで日本の学校教育では，教科の枠組みの中で捉えられ，しかも理系・文系のカテゴリーが明確であった。しかし，解決すべき課題の理解には，分けて学ぶことの意味は，基礎知識の習得のみに効果的であったと言えるかもしれない。逆に分けて学ぶことによって，日常の実生活の中で，理科や算数・数学はどのように関わっているのかを意識することもなく，学んできたことと将来への展望が結び付かなかったと考えられないこともない。その点からも自然災害をSTEAM教育の立場から取り扱う意義は大きい（3.1 参照）。

## 2.2 | STEAM 教育と日本の施策

### 2.2.1　日本での STEAM 教育を考えるにあたって

　本書では，国際情勢を踏まえて，日本の教育界の動向と実践を紹介するが，その基本となる，国の方向性を考えたい。ここでは近年の STEAM 教育に関する政府等の主な方針について，文科省教育課程部会の参考資料等を基に整理する。

　ただ，読者の中には，STEAM 教育が必要な時代の背景を述べられても新鮮さを感じない人もいるかもしれないし，では具体的にどのように各学校や目の前の児童生徒に対応すればよいのか，戸惑う人も多いだろう。

　日本と共通する国際的な動向を理解しながらも，伝統や文化的な違いも意識しておく必要があるかもしれない。STEAM 教育が進んでいるアメリカ等に比べて長い歴史を持つ日本は，常に先行き不透明な時代に対応してきた。遡ると戦国時代しかり幕末しかり，各地域においても政権が変わるごとに変革を余儀なくされた。その背景として，発達した科学技術や発生した自然災害（自然現象）の影響が大きかったが，そのような視点から時代の流れが説明されることは少ない。

　さらに，リーダーの登用や養成・育成は，いつ，いかなる組織でも重要であった。今後も国，各地域とも誰一人取り残さないためには，現代のみならず将来に向けてのリーダーシップの育成が不可欠である。一方で，近年の多様な資質・能力，興味・関心を持つ児童・生徒に，従来の公教育の中で均質な教育は可能であろうか。確かに公教育の使命ではあるが，学校や担当教員への支援の配慮や負担は考慮されているのか。

　加えて，財政，経済措置は何を行うにしても伴う。財政状況が厳しいのは，ある意味ではいつの時代も同じである。その時に何を最優先するかの選択が問われる。近年，日本はコロナ禍において，国内への財政支援の取り組み（ワクチンの提供も含めて），それ以上に（とも言える）海外への支援・投資が行われている。確かに GIGA スクール等，これまでと比較すると教育界に高い予算が用意されている。しかし，国立大学法人の運営交付金，基本的な

第2章　STEAM 教育に対する日本の姿勢　65

科学研究費など，教育，研究に対する予算配分に疑問を感じる人も多いだろう。

　以上の歴史のスパン，日本の現状と課題を踏まえながら，最近の国のSTEAM教育への認識や姿勢を考えてみたい。

## 2.2.2　平成から令和にかけての動向

　ここでは，国のSTEAM教育に関する会合や発表文書を整理して，その流れを把握しよう。

　2018（平成30）年6月5日「Society 5.0に向けた人材育成に係る大臣懇談会，新たな時代を豊かに生きる力の育成に関する省内タスクフォース」の中で，高等学校を例に挙げて以下のように記述している。

　「高等学校は，生徒一人一人が，Society 5.0における自らの将来の姿を考え，そしてその姿を実現するために必要な学びが能動的にできる場へと転換することが求められている」

　理系はもちろんのこと文系進学者にも，中等教育修了までに自らが何を身に付けたいかを意識させる意図が伺える。

　そして，「学校だけにとどまらず，地域社会，企業，NPO，高等教育機関といった多様な学びの場を活用し，異なる年齢や背景を持つ相手とコミュニケーションしながら『社会に開かれた教育課程』による学びを進めていく」，「あわせて，思考の基盤となるSTEAM教育を，すべての生徒に学ばせる必要がある。こうした中で，より多くの優れたSTEAM人材の卵を産みだし，将来，世界を牽引する研究者の輩出とともに，幅広い分野で新しい価値を提供できる数多くの人材の輩出につなげていくことが求められている」とした。

　人材育成としての教育システムの根本的な変容が求められている今，学校のみの資質・能力の育成には限界が見られる。実際的には，すでにSSHでは，課題研究を始めとして独自の教育プログラムが実施されている。工業・農業等の実業高校もしかりである。しかし，SSHを含めた高校教員にとっては，理数科以外の普通科，文系生徒への対応はどうするのか，「情報」，「総合的な探究の時間」などの時間の活用も考えられるが，各学校に応じた取り

組みはどのように進めるのか，など課題も多い。

　今後の高等学校の在り方については，2019（令和元）年5月17日の教育再生実行会議「技術の進展に応じた教育の革新，新時代に対応した高等学校改革について（第十一次提言)」の中でも述べられている。具体的には，「1．技術の進展に応じた教育の革新　(1) Society 5.0 で求められる力と教育の在り方」に，「新たな時代を先導していくためには，どのような力の育成が求められているのか」と提起され，「各発達段階において文理両方をバランスよく学んでいくという視点が大切」と記載されている。全体的に，現学習指導要領の総則と大きな意識の違いはない。「文理両方バランス良く」は従来からの学習指導要領の中でも常に意識されているが，どのレベルまでバランス良く学んでいくかは，生徒の興味・関心・能力によって，学校・教員側にも多様性が求められる。なお，ここでSTEAM 教育の説明として「Science, Technology, Engineering, Art, Mathematics 等の各教科での学習を実社会での問題発見・解決にいかしていくための教科横断的な教育」と示している。ただ，単に理系教科や文系教科のバランスだけでなく，芸術，保健体育，家庭科などの実技教科とのバランスも STEAM 教育では無視できない。

　また，具体的に STEAM 教育の進め方についても触れられている。その記載をそのまま記すと，「国は，幅広い分野で新しい価値を提供できる人材を養成することができるよう，初等中等教育段階においては，STEAM 教育を推進するため，『総合的な学習の時間』や『総合的な探究の時間』，『理数探究』等における問題発見・解決的な学習活動の充実を図る。その際，各発達段階において，レポートや論文等の形式で課題を分析し，論理立てて主張をまとめることも有効である。そのため，国は，カリキュラム・マネジメントの視点を踏まえ，人材活用も含め産学連携や地域連携による STEAM 教育の事例の構築や収集，モデルプランの提示や全国展開を行う。また，グローバルな社会課題を題材にした，産学連携STEAM 教育コンテンツのオンライン・ライブラリーを構築する」となっている。ただ，すでにこのように取り組まれている SSH の実践を，多様な高校にまで同様に展開することが可能なのか疑問も生じる。これまでの SSH の取り組みの成果が，他の高校にどれくらい波及しているかが，継続的に問われているからである。

さらに，義務教育段階においても，新たな教育活動の必要性が論じられる時，どこで実施するかが常に教育現場では課題となっている。従来，学校外からは，「総合的な学習の時間」の活用を指摘されるが，すでにこの時間の内容・方法が構築されつつある教育現場との齟齬があるのも否定できない。

　2020（令和2）年「経済財政運営と改革の基本方針2020〜危機の克服，そして新しい未来へ〜」（7月17日閣議決定）の中では，「『人』・イノベーションへの投資の強化—『新たな日常』を支える生産性向上」が「第3章『新たな日常』の実現」に記された。ここでは，「感染症による学校の臨時休業により，公教育のオンライン対応の遅れが顕著になり，学びを止めないことが課題となった。学びにおけるデジタル化・リモート化を推進し，優れた取り組みの横展開とPDCAの実行により，教育の質の向上と学習環境の格差防止に取り組み，子どもたちの学びを保障する。ICT化は子どもたちに世界の扉を開き，可能性を広げ，教師が教え子に向き合いやすくする。経済社会の変化とその形成に積極的に対応できる資質・能力を育成する観点から，一つの正解を導き出す画一的・横並び的な教育を脱し，その自由度を高め，学習者第一の視点に立って，課題設定・解決力や創造力のある人材育成を強化する」と記載された。

　確かに理念としては，多くの教育関係者も否定するところではない。ただ，多様な家庭環境の現状を踏まえた，公教育の限界については意識されているとは読み取れない。PDCAサイクルの実行が可能であるのは，一定の条件が整った平穏な時代に限られ，様々な新局面が展開する教育現場では，OODA（Observe；観察・状況把握，Orient；情勢への適応・行動の方向づけ，Decide；意思決定，Act；行動）ループもしくはサイクルによって手探り的な状況にもある。

　なお，初等中等教育改革等として，STEAM教育が以下のように触れられている。「（略）子どもの創造力を高め，その能力・特性や習熟度，地域の実状等に応じた多様で個別最適化された深い学びを実現するため，学年・学校種を超えた学びの拡充，異能・異才への指導・支援，STEAM教育や課題解決型学習（PBL，Project based Learning）の充実，授業時数の柔軟な取り扱いや小学校における教科担任制の導入など教育課程・教員免許・教職員配

置の在り方の一体的検討を進める。(略)」

　これについても，現状の教員への過剰な負担に加え，予算措置を伴う制度設計も不明確なまま学校教育にすべてを委ねられることは，限界を超えていると言わざるを得ない教員も多いだろう。「教育課程・教員免許・教職員配置の在り方の一体的検討を進める」と記されても，いつまでにどのように進めるのか，検討がどのように実現されるのか，教育現場での困惑が懸念される。

　経済産業省は，2020（令和2）年に「『未来の教室』とEdTech研究会STEAM検討ワーキンググループ中間報告」（8月12日）において，経産省「未来の教室ビジョン」と文科省「新学習指導要領」は違う言葉遣いで同じ方向性の改革を提唱していると述べ，「『学際的な研究・創造活動』の早期化・低年齢化。工業化社会の画一・均質の労働力の輩出を前提とした現在の教育システムでは，来るべき社会で活躍する人材を生み出せないという危機感が新学習指導要領には反映されている。このため，新学習指導要領には，知識・技能に加え『学びに向かう力・人間性等』，『未知の状況にも対応できる思考力・判断力・表現力等』の育成が掲げられ，STEAMにおいて目指されている方向性と合致する」と示した。

　この提言の柱が「学びのSTEAM化」と「学びの個別最適化」，「新しい学習環境の整備」であった。「学びのSTEAM化」という考え方の更なる整理，STEAMライブラリー構想の精緻化を進めることも挙げられている。ただ，この柱も上の懸念の打破にどのようにつながるのかは不明である。

　第2期「まち・ひと・しごと創生総合戦略」（2020改訂版）（令和2年12月21日閣議決定）において，地域におけるSociety 5.0の推進が示されている。「地域のDX推進による地域課題の解決，地域の魅力向上」として，教育については次のように記されている。

　「教育の質の維持・向上などの課題を抱える地域・地方公共団体においても『GIGA スクール構想』におけるハード・ソフト・人材を一体とした整備を進めるとともに，AIを活用したEdTechなど先端技術による効果的な学びの取組，時間や距離などの制約を取り払う遠隔授業等の取組，STEAM教育等の地域課題等をテーマにした教科等横断的な学習に取り組み，各地域の

実状に応じて実装・推進していくことにより，教育機会の充実などの教育の質の維持・向上，児童生徒の資質・能力の確実な育成を図る」

　離島やへき地などでは従来から複式学級が普通であり，地方の学校では都市部の学校に比べて学びについてのハンディキャップが懸念されていた（複式学級の学年を越えた学びにしても，地域と学校との結び付きにしても，必ずしもマイナス面ばかりではないが）。ただ，学校の位置する地域以外との情報交換も容易にする点からも，新たな教育活動が可能となる。

　2021（令和3）年産業競争力懇談会「社会で育てるSTEAM教育のプラットフォーム構築」（2月12日）ではその冒頭に，「国の競争力を強化する上で，俯瞰的にものを捉える人材の育成と確保が重要であるとの認識の下に本テーマを構想した。すなわち，人材育成と人材確保は国の競争力の根幹であり，将来を担う児童・生徒や若手の教育革新に，世界は懸命である。その中で，STEAM教育（理数教育に創造性教育を統合した教育手法）は，問題発見，課題解決，創造力醸成の要請に応える教育であり，益々複雑化していく地球規模課題への挑戦（SDGs），行政においては政策立案（EBPM），企業においては製品やサービスのイノベーションによるSociety 5.0の実現など，STEAM教育を経験した人々がこれらのチャレンジを支えていく。本テーマの出口は，広く教育界，産業界のみならず，関係する方々を結ぶハブとして信頼され，活用されるようなサステナブルなプラットフォームの構築を目指すことである」と多くのキーワードが盛り込まれた。

　以上のように，平成から令和のわずか数年のSTEAM教育への期待を見てきたが，これらの背景は簡単に次のようにまとめることができる。

　従来から対応が懸念されていた高度情報通信社会が一層進み，複雑な国内外からの情勢から先行きが全く見通せなくなった。これまでのSociety4.0（情報社会）から一層次元が変わろうとするSociety 5.0の時代に対し，学校教育も必然的に大きく変わらなければならない。その大きく変わる方法として，ハード面の整備に伴うSTEAM教育が期待される，と言うより，これに勝るものはないとまで読み取れる審議の報告もある。ただ，教育は常に「不易と流行」の中で積み重ねられていく。STEAMを取り扱う本書としても教育の「不易」を重視しつつ，「流行」としての新たな教育活動を構築す

ることに努めたい。そのためにも敢えて，現在の潮流を本節で記載した。

　なお，2021（令和3）年の第6期「科学技術・イノベーション基本計画」（3月26日閣議決定）では，日本の科学技術の方向性が示され，様々なところで引用されている。そこで，少し長くなるが一部をコラムの形で記載する。

## コラム　第6期「科学技術・イノベーション基本計画」（令和3年3月26日閣議決定）

　第1章～第3章まで，全体として84ページからなる。
「第2章　Society 5.0の実現に向けた科学技術・イノベーション政策」より
「一人ひとりの多様な幸せ（well-being）と課題への挑戦を実現する教育・人材育成社会の再設計を進め，まだ見ぬ社会での価値創造を次々と起こしていくためには，これを担う人材が鍵である。（略）従前の科学技術基本計画における人材育成については，我が国の研究を担う人材を主たる対象としてきたが，Society 5.0の社会像を念頭に置けば，世代を問わず，あまねく日本全国にわたり，広い意味で世界に新たな価値を生み出す人材の輩出と，それを実現する教育・人材育成システムの実現を目指す必要がある。

　このためには，まず初等中等教育段階からSociety 5.0時代の学びを実現していく必要があり，好奇心に基づいた探究力の強化に向け，STEAM教育など問題発見・課題解決的な学びの充実を図る。特にその際，大学や企業を含め，社会全体が学びを支える環境を整備する。（略）」

　まず【大目標】として，「日本全体をSociety 5.0へと転換するため，多様な幸せを追求し，課題に立ち向かう人材を育成する」とし，「(a) 現状認識」として，「従前，我が国においては，社会的な同質性や同調圧力を背景にして，偏差値を評価軸とした一律一様の教育・人材育成が形成されてきた側面がある。これは，単に学校教育のみに起因するものではなく，経済社会からの要請によるものでもあった。過去の我が国の経済成長の中で，全国的に一定水準を満たした教育・人材育成システムの存在には大きな意義があり，これが企業の新卒一括採用と年功序列をベースとする社会の中で機能してきた。その一方で，独創的な挑戦の促進を内包した多様な教育活動や，個々人の内発的動機や好奇心に基づく学びの環境の積極的な導入が進まなかった。実際に，諸外国と比べて，成績は良くても学びは好きではないという児童・生徒の割

合は大きい。このような問題意識は教育現場のみならず社会全体において既に高まりつつあり，新学習指導要領や GIGA スクール構想に見られるように，新しい時代の教育に向けた積極的な変化が生まれつつある」とされた。

そして，「(b) あるべき姿とその実現に向けた方向性」として，「Society 5.0 時代において重要な，自ら課題を発見し解決手法を模索する，探究的な活動を通じて身に付く能力・資質を磨き高めることにより，多様な幸せを追求し，課題に立ち向かう人材を育成することを目指す」，「このため，初等中等教育の段階から，児童・生徒の自発的な『なぜ？』『どうして？』を引き出し，好奇心に基づいた学びを実現する。（略）この過程で，地域の人的資源等を活用し，学校教育と社会との連携を進めていく。例えば，最前線の研究者や起業家の教育現場への参画を促し，『一流』や『本物』に触れる機会の拡大を通じて，生徒の好奇心を高める。科学技術・イノベーション政策と教育政策の連携により，その効果をより一層高めることが可能であり，政策的な連携を戦略的に進める。（略）」

そして【目標】として，「社会の多様な主体の参画の下，好奇心に基づいた学びにより，探究力が強化される」「個人が『やりたいこと』を見いだし，それに向かって能力・資質を絶えず磨いていく」この【科学技術・イノベーション政策において目指す主要な数値目標】（主要指標）を「小中学校段階における算数・数学・理科が『楽しい』と思う児童・生徒の割合につき，2025 年度までに，国際的に遜色のない水準 10 を視野にその割合の増を目指す。（略）」としている。

これらを踏まえて，その「(c) 具体的な取組」として，STEAM 教育を次のように掲げる。

① STEAM 教育の推進による探究力の育成強化

○ STEAM 教育を推進するため，2022 年度から年次進行で全面実施される高等学校新学習指導要領に基づき，「理数探究」や「総合的な探究の時間」等における問題発見・課題解決的な学習活動の充実を図る。また，スーパーサイエンスハイスクール（SSH）において，科学技術人材育成システム改革を先導するような卓越した研究開発を進めるとともに，SSH のこれまでの研究開発の成果の普及・展開に向けて，2022 年度を目途に一定の実績を有する高校等を認定する制度を新たに創設し，その普及を図ることなどにより，STEAM 教育を通じた生徒の探究力の育成に資する取組を充実・強

化する。【文部科学省】

○広く我が国の初等中等教育で利活用可能な STEAM ライブラリーの整備を加速する。あわせて，初等中等教育段階で利活用可能な教育コンテンツについて，モデルプランの提示や全国への周知を進める。また，初等中等教育機関のみならず，社会全体で STEAM 教育を推進できるよう，2021 年度に，COCN（産業競争力懇談会）が構築するプラットフォームと連携し，全国に分散する人材や知見，コンテンツの横展開や連携を促進する。加えて，最先端の研究内容を題材とした初等中等教育の教育コンテンツ作成を図るため，公的資金により実施している研究の中で，児童・生徒の知的好奇心を刺激し，題材として適切な研究内容について，その教材化の方策を 2021 年度までに検討し，結論を得る。【内閣府科学技術・イノベーション推進事務局，文部科学省，経済産業省】

（略）

○社会に開かれた教育の観点から，最新のテクノロジーの動向も踏まえつつ，Society 5.0 の実現に向けた取組の加速に向け，STEAM 教育を通じた児童・生徒・学生の探究力の育成や，その重要性に関する社会全体の理解の促進等について，CSTI（総合科学技術・イノベーション会議）に検討の場を設置し，中央教育審議会の委員の参画を得つつ，2021 年度から調査・検討を行うとともに，その検討結果について科学技術・イノベーション政策や教育政策へのフィードバックを行う。【内閣府科学技術・イノベーション推進事務局，文部科学省】

「経済財政運営と改革の基本方針 2021 日本の未来を拓く 4 つの原動力～グリーン，デジタル，活力ある地方創り，少子化対策～」（令和 3 年 6 月 18 日閣議決定）では，「第 2 章　次の時代をリードする新たな成長の源泉～ 4 つの原動力と基盤づくり～」において，その一つとして，STEAM 教育を挙げている。「デジタル時代の質の高い教育の実現，イノベーションの促進（略）一人一台端末をフル活用し，データ駆動型の教育への転換を図り，EdTech 等も活用しながら，個々の教育的ニーズや理解度に応じた学習，STEAM 教育等の教科等横断的な学習などを進め，『個別最適な学び』と『協働的な学び』を早急に実現する。（略）」

## 2.3 | 文科省を中心としたSTEAM教育の捉え方

藤岡達也

　文科省としては，STEAM教育をどのように捉えているのだろうか。最も端的に示されたものとしては，2021（令和3）年1月26日中央教育審議会答申「『令和の日本型学校教育』の構築を目指して～全ての子どもたちの可能性を引き出す，個別最適な学びと，協働的な学びの実現～」が挙げられる。ここでは，特に「第Ⅱ部各論　3. 新時代に対応した高等学校教育等の在り方について」の中で，「(4) STEAM教育等の教科等横断的な学習の推進による資質・能力の育成」として，9項目にまとめられている。

　前節で紹介した内容等，これまで検討されてきたことを整理しているとも言える。特に日本の学校教育で期待されるSTEAMには，幅広い内容，つまりこれまでの教科の枠組みどころか，教育の取り組み内容全体を総合化しているとも捉えられる。STEAMの「A」をここまで広げることに対して，学校や教員による具体的な実践の在り方に戸惑いを感じるのか，それとも人格の形成を謳った教育の再表現に過ぎないと考えるのか，高等学校や教員の意識差が懸念される。以下に9項目（①～⑨）を示す。

① AIやIoTなどの急速な技術の進展により社会が激しく変化し，多様な課題が生じている今日においては，これまでの文系・理系といった枠にとらわれず，各教科等の学びを基盤としつつ，様々な情報を活用しながらそれを統合し，課題の発見・解決や社会的な価値の創造に結び付けていく資質・能力の育成が求められている。

②教育再生実行会議第11次提言において，幅広い分野で新しい価値を提供できる人材を養成することができるよう，新学習指導要領において充実されたプログラミングやデータサイエンスに関する教育，統計教育に加え，STEAM教育の推進が提言された。高等学校改革を取り上げた本提言において，STEAM教育は「各教科での学習を実社会での問題発見・解決にいかしていくための教科横断的な教育」とされている。

③STEAM教育については，国際的にも各国で定義が様々であり，Aの範囲をデザインや感性などと狭く捉えるものや，芸術，文化，生活，経済，

法律，政治，倫理等を含めた広い範囲で定義するものもある。STEAM 教育の目的には，人材育成の側面と，STEAM を構成する各分野が複雑に関係する現代社会に生きる市民の育成の側面がある。各教科等の知識・技能等を活用することを通じた問題解決を行うものであることから，課題の選択や進め方によっては生徒の強力な学ぶ動機付けにもなる。

　一方で，STEAM 教育を推進する上では，多様な生徒の実態を踏まえる必要がある。科学技術分野に特化した人材育成の側面のみに着目して STEAM 教育を推進すると，例えば，学習に困難を抱える生徒が在籍する学校では実施が難しい場合も考えられ，学校間の格差を拡大する可能性が懸念される。教科等横断的な学習を充実することは学習意欲に課題のある生徒たちにこそ非常に重要であり，生徒の能力や関心に応じた STEAM 教育を推進する必要がある。このため STEAM の各分野が複雑に関係する現代社会に生きる市民として必要となる資質・能力の育成を志向する STEAM 教育の側面に着目し，STEAM の A の範囲を芸術，文化のみならず，生活，経済，法律，政治，倫理等を含めた広い範囲（Liberal Arts）で定義し，推進することが重要である。

④新学習指導要領においては，学習の基盤となる資質・能力や，現代的な諸課題に対応して求められる資質・能力を育成するため，教科等横断的な視点から教育課程の編成を図ることとされている。STEAM 教育の特性を生かし，実社会につながる課題の解決等を通じた問題発見・解決能力の育成，レポートや論文，プレゼンテーションの形式で課題を分析し，論理立てて主張をまとめることを通じた言語能力の育成，情報手段の基本的な操作の習得，プログラミング的思考，情報モラルも含む情報活用能力の基盤となる資質・能力の育成，心豊かな生活や社会的な価値を創り出す，芸術的な感性も生かした創造性などの現代的な諸課題に対応して求められる資質・能力の育成について，文理の枠を超えて教科等横断的な視点に立って進めることが重要であり，その実現のためにはカリキュラム・マネジメントを充実する必要がある。

⑤STEAM 教育は「社会に開かれた教育課程」の理念の下，産業界等と連携し，各教科等での学習を実社会での問題発見・解決に生かしていく高度

な内容となるものであることから，高等学校における教科等横断的な学習の中で重点的に取り組むべきものである。その土台として，幼児期からのものづくり体験や科学的な体験の充実，小学校，中学校での各教科等や総合的な学習の時間における教科等横断的な学習や探究的な学習，プログラミング教育などの充実に努めることも重要である。さらに，小学校，中学校においても，児童生徒の学習の状況によっては教科等横断的な学習の中でSTEAM教育に取り組むことも考えられる。その際，発達の段階に応じて，児童生徒の興味・関心等を生かし，教師が一人一人に応じた学習活動を課すことで，児童生徒自身が主体的に学習テーマや探究方法等を設定することが重要である。

⑥高等学校においては，新学習指導要領に新たに位置付けられた「総合的な探究の時間」や「理数探究」が

・実生活，実社会における複雑な文脈の中に存在する事象などを対象として教科等横断的な課題を設定する点

・課題の解決に際して，各教科等で学んだことを統合的に働かせながら，探究のプロセスを展開する点

などSTEAM教育がねらいとするところと多くの共通点があり，各高等学校において，これらの科目等を中心としてSTEAM教育に取り組むことが期待される。また，必履修科目として地理歴史科・公民科や数学科，理科，情報科の基礎的な内容等を幅広く位置付けた新学習指導要領の下，教科等横断的な視点で教育課程を編成し，その実施状況を評価して改善を図るとともに，教育課程の実施に必要な人的または物的な体制の確保を進め，地域や高等教育機関，行政機関，民間企業等と連携・協働しつつ，各高等学校において生徒や地域の実態にあった探究学習を充実することが重要である。その際には，これまでのスーパーサイエンスハイスクール（SSH）などでの教育実践の成果を生かしていくことが考えられる。さらに教員養成や教員研修の在り方も併せて検討していくことが重要である。

⑦STEAM教育の推進に当たっては，探究学習の過程を重視し，その過程で生じた疑問や思考の過程などを生徒に記録させ，自己の成長の過程を認識できるようにするとともに，社会に開かれた教育課程の観点から，STEAM

教育に関わる学校内外の関係者による多様な視点を生かし，生徒の良い点や進歩の状況などを積極的に評価し，学習したことの意義や価値を実感できるよう努めることが重要である。

⑧また，実社会での問題発見・解決に生かしていく視点から生徒が自らテーマを設定し，学習を進めるためには，生徒が地域や産業界，大学などと多様な接点を持ち，社会的な課題や現在行われている取り組みなどについて学ぶことが必要である。生徒が多様な機会を得ることができるよう，社会全体で取り組みを進めることが求められる。このため，国においては産業界や大学等とも連携し，STEAM教育に資する教育コンテンツの整備を進めるとともに，事例の収集や周知などの取り組みを進める必要がある。

⑨STEAM教育等の教科等横断的な学習の前提として，小学校，中学校，高等学校などの各教科等の学習も重要であることは言うまでもない。各学校において，習得・活用・探究という学びの過程を重視しながら，各教科等において育成を目指す資質・能力を確実に育むとともに，それを横断する学びとしてのSTEAM教育を行い，さらにその成果を各教科に還元するという往還が重要である。

　以上の9つのそれぞれの項目については，これからのSTEAM教育を考えるにあたっての重要な理念となることは，おぼろげながら理解できるかもしれない。ただ，現実問題として，同じ義務教育でも中学校，さらに高等学校では小学校とは異なり，教員に教科・科目の専門性が高まるとともに，他の教科・科目についての理解が十分ではないことが挙げられる。加えて，小学校・中学校・高等学校と発達の段階に応じて，学びも深化させる必要があるが，教科レベルにおいても，それぞれの校種で何が学ばれて，学習者はどのような知識・技能が備わっているのか，また，卒業・進学後，これまでの具体的な学びの内容がどう取り扱われているのか，教員自らが理解していない現状の中では，STEAMが断片的な取り扱いに留まる懸念もある。

　特に中学校では，高校入試への取組が注目される。高校入試が教科ごとに実施される現状では，それに対応した日常の授業が不可欠となる。「学力・学習状況調査」によって，変わりつつあるのは事実だが，理科においても，すべての学校で実験・観察が十分に行われているとは言えない点もある。

## コラム　STEAM 教育のねらいと評価

　近年「〇〇教育」が増え，学校教育に携わる教員にとっては戸惑うことも多くなっている。困惑する理由の一つに，ねらいと整合し，指導と一体化した評価の在り方が挙げられる。STEAM 教育で取り扱った内容，例えば，防災・減災教育に取り組んだ場合，教科（理科）教育，防災教育，さらには情報教育のねらいを合わせてみると図1のようになる。一見，すべて異なるように見えるが，実はいずれも知識や技能を基本としながら，いかに社会に関わって自己実現に向かって行動していくことができるかが，ねらいとなっている。つまり，昨今，「現代的な諸課題に関する教科等横断的な教育内容」など多くの「〇〇教育」が示されているが，その最終的なねらいは，いずれもどのように VUCA（予測困難）の時代で適切に行動できる人材を育成するかである。

　教員が悩むのはその評価であろう。現在の学習指導要領では，「知識及び技能」「思考力，判断力，表現力等」「学びに向かう力，人間性等」を育成すべき学力としている。しかし，評価さらには評定となれば，「学びに向かう力，人間性等」については，「感性，思いやりなど」は個人内評価として外し，「主体的に学習に取り組む態度」と示されている（図2）。

　確かに「感性，思いやり」などは評価になじまない。しかし，STEAM 教育では，「A」を取り扱うことが成果として期待できる。防災・減災教育，環境教育などは，これを培うことも目的であると言ってよい。「何を理解しているか，何ができるか」（知識及び技能），「理解していること・できることをどう使うか」（思考力，判断力，表現力等），「どのように社会・世界と関わり，よりよい人生を送るか」（学びに向かう力，人間性等）は教員も学習者も意識しておく必要があり，そのための具体的な取り組み項目，達成項目は学校や学習者によって異なってくることもあるし，これらを実状に合わせて変更することも求められる。そこで，学習指導要領に準拠した「評価規準」だけでなく，「評価基準」を各学校，教員さらには学習者同士で作っていくことも考えられる。これにはルーブリック評価と連動していく方法がある。

　ルーブリック表の一例を図3に示しておいたので，これに当てはめて考えていくことも，STEAM 教育での探究活動の評価としては重要である。

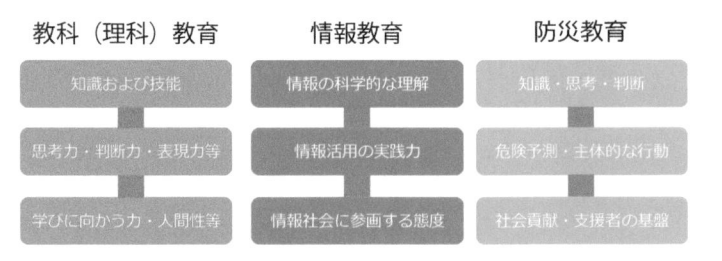

図1 教科（理科）・情報教育・防災教育のそれぞれのねらいと関連性

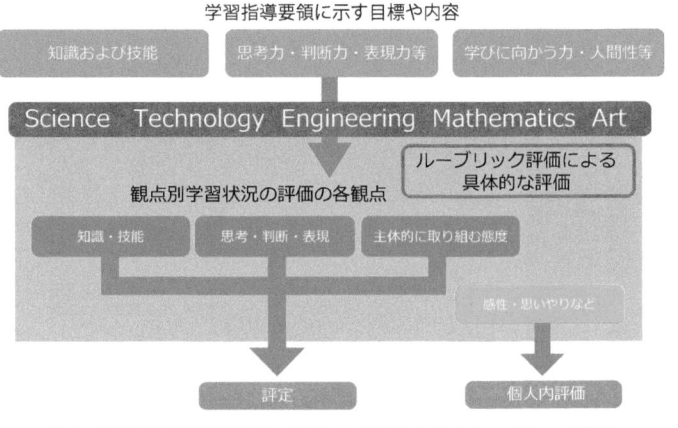

図2 学習指導要領の評価とSTEAM教育におけるループリック評価

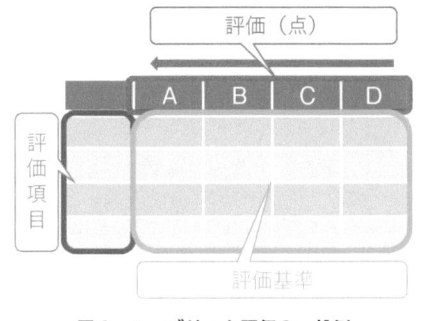

図3 ループリック評価の一般例

## 2.4 近年の情報教育，ICTからGIGAスクール構想まで

藤岡達也

### 2.4.1 教育現場とICTの導入

　ここで，日本での具体的なSTEM，STEAM教育と関係性の強いICTの活用との関係に触れたい。学校では，教職員が取り組むべき日常の教育活動が多く，ICTの導入や展開は都道府県，地域，学校等によっても大きな差があった。しかし，2020年の新型コロナウィルス感染症の影響を受け，各学校においてもオンライン授業等教育活動への取り組みを無視できなくなってきた。文科省も2019（令和元）年10月に「教育の情報化に関する手引」，2020（令和2）年6月に「教育の情報化に関する手引―追補版―」を発表するなど，GIGAスクールを一層早く進める方向になってきている。

　社会においても，IT，ICT，IoTなど，様々な言葉が飛び交い，学校教育では，子どもたちが何をできるようにし，予想される社会に対応して習得すべき知識・技能として何を目指すのか，不明確な点や戸惑いも見られる。ここで，言葉を少し整理し，STEAM教育との関係を見ていこう。まず，上の三つの内容を学校教育との関係を踏まえて検討する。これらを表1に記す。

表1　関連用語の整理

| | IT | ICT | IoT |
|---|---|---|---|
| 名称 | Information Technology | Information and Communication Technology | Internet of Things |
| 意味 | 情報技術そのもの | 通信技術を活用して人とインターネット，人と人とがつながる技術 | 人を介せずモノが自動的にインターネットにつながる技術 |
| 活用例 | コンピューター，ソフトウェア，アプリケーション等 | ネット検索，メール，SNS・チャットから通信販売 | 自動運転，スマート家電等 |

　急速な勢いで，これらの成果が学校や家庭，社会に入り込んでいる。これからの時代を担う日本の子どもたちは，変化の著しい国際情勢についていけるのだろうか。国においても学校教育現場へのICT導入の検討と議論が重ねられてきた。ICT活用については，前節に示したように平成の当初から

教育課程への位置付け，教科・科目での設置が検討され，教育現場での試行錯誤が継続されてきた。次に述べるように最も早く教科・科目に取り入れられたのが高等学校の教科としての「情報」である。高等学校そして義務教育の学校への展開を探ってみたい。

### 2.4.2 現学習指導要領における ICT 活用への期待

①高等学校での現状と変遷

高等学校では，2018（平成30）年に改訂された高等学校学習指導要領に基づき，2022（令和4）年度より，高等学校情報科においては共通必履修科目「情報Ⅰ」が新設され，すべての生徒がプログラミングやネットワーク，データベースの基礎等について学習することとなった。加えて選択科目「情報Ⅱ」では，プログラミング等についてさらに発展的に取り組まれるようになっている。

高等学校の教科「情報」は，1998（平成10）年の改訂学習指導要領を受け，2003（平成15）年度に新設されたことに遡る。当時は，普通教科（現共通教科）と専門教科が設定され，普通教科は情報活用の実践力をねらいとした「情報A」，情報の科学的な理解をねらいとした「情報B」，情報社会に参画する態度を中心に学ぶ「情報C」の3科目が設定された。この3科目から1科目の選択必履修と決められていた。ただ，結果として，全国の高等学校における各科目の開設状況は，「情報A」がほとんどであった。

その後，2013（平成25）年度から施行されている現行の学習指導要領において，共通教科情報科は，「社会と情報」と「情報の科学」の2科目に再編された。内容的には社会でのインターネット普及を反映して，学校で扱う意義が低くなったことから，「情報A」に相当する科目が無くなり，「情報B」を「情報の科学」に，「情報C」を「社会と情報」に発展させたような内容となった。学校の選択としては「社会と情報」が多く，「情報の科学」を開設した学校は多くはなかった。

また，情報科の担当教員の養成は，現在も当時から大きく変わったとは言えない。全国の情報科教員のうち，情報科専任は20%程度であり，約50%が他教科との兼務である。さらに，約30%は情報科の教員免許を持たない

免許外教科担任や臨時免許によって授業が行われている。現在では，大学の教職課程で免許を取得できるようになっているが，2003年度からの開講に対処するため，当初，主に理数教員が15日間の講習（2000年〜2002年に実施）を受けて免許を取得するものであった。また，講習の担当者も都道府県ごとに指導主事や教員が直前に大学等で講習を受けるという状況であった。つまり，大学の課程でこの教員を育成する前は，講習を受けた理系の教員が免許を取得するシステムとなっていた。

　当時は，授業よりも学校での分掌業務として，ICTの活用が求められることも多かった。例えば，普通高校では，成績処理などが必要とされる教務等において，コンピューターに長けている人がICTを活用するイメージがあった。昨今では，情報機器の取り扱いは，理系文系にかかわらず，あらゆる業務の中で活用するようになっている。

②義務教育段階からの状況

　一方，2017（平成29）年に改訂された小・中学校学習指導要領では，初めて義務教育段階から「情報活用能力」を学習の基盤となる資質・能力と位置付け，教科等横断的にその育成を図ることとされた。確かに時代を反映して，情報教育や教科等の指導におけるICT活用などを通して，教育の情報化に関わる内容の一層の充実が不可欠となっており，反対する人はいないだろう。しかし，そのために必要なICT環境を整え，適切に活用した学習活動の充実を図るためには，予算措置，人材育成など課題は多々見られる。

　国（文科省）としても各教科等の指導におけるICT活用の基本的な考え方として，「新学習指導要領に基づき，資質・能力の三つの柱をバランスよく育成するため，子どもや学校等の実態に応じ，各教科等の特質や学習過程を踏まえて，教材・教具や学習ツールの一つとしてICTを積極的に活用し，主体的・対話的で深い学びの実現に向けた授業改善につなげることが重要」（令和2年9月）としている。また，留意点として，「資質・能力の育成により効果的な場合に，ICTを活用する」，「限られた学習時間を効率的に運用する観点からも，ICTを活用する」の二つを挙げている。

　すでに義務教育，高等学校共に現学習指導要領での教育活動が始まった。

「いかなる時代の変化にも…」対応できる「生きる力」の育成が掲げられてから，3度目の学習指導要領となる。学習指導要領は教育界の現状と課題を反映したものであると同時に，今，学校教育を受けている児童・生徒が社会で活躍する将来がどのような時代であるかを推測しながら，作成されている。いつの時代も先行き不透明であり，決して学習指導要領の理念は新しいことを述べているわけではない。違いとしては，情報教育をめぐる変化が二次関数的に著しくなっていること，教える側の教員も今，これを学べば将来にも役立つという確固たる自信があるわけではないことである。教員自身が戸惑いながら，日々，目前の新たな課題に追われ，忙殺されているのが正直なところだろう。

　これらを意識しながら，現学習指導要領のねらいに沿ったこれからのICT教育の方向性を考えてみる。

### 2.4.3　STEAM教育を構成するICT活用とプログラミング教育

　諸外国では，STEAM教育の動向の中で，日本より早く初等教育の段階からのICT教育や，その中でプログラミング教育を導入してきた。日本（文科省）も国際情勢を無視できず，小学校でのプログラミング授業の必修化が検討されるようになり，2016年中教審答申では，「身近なものにコンピューターが内蔵され，プログラミングの働きにより生活の便利さや豊かさがもたらされていることについて理解し，そうしたプログラミングを，自分の意図した活動に活用していけるようにすることもますます重要になっている。将来どのような職業に就くとしても，時代を超えて普遍的に求められる『プログラミング的思考』などを育むプログラミング教育の実施を，子どもたちの生活や教科等の学習と関連付けつつ，発達の段階に応じて位置付けていくことが求められる。その際，小・中・高等学校を見通した学びの過程の中で，『主体的・対話的で深い学び』の実現に資するプログラミング教育とすることが重要である」と明記された。これに従って翌2017（平成29）年の学習指導要領改訂では，プログラミング教育を充実することとし，2020年度から小学校でプログラミング教育が始まった。

　ここで「プログラミング的思考」という言葉が登場するが，これは，有識

者会議「議論の取りまとめ」の中で説明された言葉をそのまま用いれば次の通りとなる。「自分が意図する一連の活動を実現するために，どのような動きの組み合わせが必要であり，一つ一つの動きに対応した記号を，どのように組み合わせたらいいのか，記号の組み合わせをどのように改善していけば，より意図した活動に近づくのか，といったことを論理的に考えていく力」

　一層，社会全体がコンピューターによって支えられる（場合によっては支配される？）これからの時代には，コンピューターを理解し活用していく力が，好き嫌いとは別に不可欠である。コンピューターに使われるのではなく，能動的に適切かつ効果的に活用するためには，そのシステムを知ることが重要である。コンピューターは人の操作「プログラム」で動き，これを与える「プログラミング」によって，作業をする。学校でも，この「プログラミング」をどのように具体化していくかは，現在，検討が始まったところである。

## 2.4.4　STEAM 教育と連動したプログラミング教育のねらい

　小学校でプログラミング教育が始まると聞き，小学校の先生方は，「児童にプログラミング言語を覚えさせたり，プログラミングの技能を習得させたりすることまで期待されているのだろうか，第一，教員が指導できるのだろうか」，と不安に思うことも十分考えられる。そこで，もう一度，これから小学校段階で求められるプログラミング教育を整理してみよう。

　先述の中教審答申を受け，「小学校学習指導要領解説総則編」では，小学校のプログラミング教育のねらいとして，①「プログラミング的思考」を育むこと，②プログラムの働きやよさ，情報社会がコンピューター等の情報技術によって支えられていることなどに気づくことができるようにするとともに，コンピューター等を上手に活用して身近な問題を解決したり，よりよい社会を築いたりしようとする態度を育むこと，③各教科等での学びをより確実なものとすること，の三つが挙げられている。

　プログラミング教育で育む資質・能力について，現学習指導要領の各教科等で育む資質・能力と同様に，資質・能力の「三つの柱」（「知識及び技能」，「思考力，判断力，表現力等」，「学びに向かう力，人間性等」）に沿って，次のように整理され，発達の段階に即して育成するとされている。

【知識・技能】

　身近な生活でコンピューターが活用されていることや，問題の解決には必要な手順があることに気づくこと。

【思考力・判断力・表現力等】

　発達の段階に即して，「プログラミング的思考」を育成すること。

【学びに向かう力・人間性等】

　発達の段階に即して，コンピューターの働きを，よりよい人生や社会づくりに生かそうとする態度を涵養すること。

　つまり，プログラミング教育の中でも，育成したい三つの学力は，教科等のねらいに即している。小学校での具体的な実践と児童の反応等については，第3章で紹介するので，そちらを参照されたい。

### <参考>「プログラミング教育」はなぜ登場したのか

　「プログラミング教育」がなぜ登場したのか。そのプロセスの基となる「小学校段階における論理的思考力や創造性，問題解決能力等の育成とプログラミング教育に関する有識者会議」の「議論の取りまとめ」（平成28年6月16日）より，一部抜粋しておく。

○子どもたちが，情報技術を効果的に活用しながら，論理的・創造的に思考し課題を発見・解決していくためには，コンピューターの働きを理解しながら，それが自らの問題解決にどのように活用できるかをイメージし，意図する処理がどのようにすればコンピューターに伝えられるか，さらに，コンピューターを介してどのように現実世界に働きかけることができるのかを考えることが重要になる。

○そのためには，自分が意図する一連の活動を実現するために，どのような動きの組み合わせが必要であり，一つ一つの動きに対応した記号を，どのように組み合わせたらいいのか，記号の組み合わせをどのように改善していけば，より意図した活動に近づくのか，といったことを論理的に考えていく力が必要になる。

○こうした「プログラミング的思考」は，急速な技術革新の中でプログラミングや情報技術の在り方がどのように変化していっても，普遍的に求めら

れる力であると考えられる。また，特定のコーディングを学ぶことではなく，「プログラミング的思考」を身に付けることは，情報技術が人間の生活にますます身近なものとなる中で，それらのサービスを使いこなし，よりよい人生や社会づくりに生かしていくために必要である。言い換えれば，「プログラミング的思考」は，プログラミングに携わる職業を目指す子どもたちだけではなく，どのような進路を選択しどのような職業に就くとしても，これからの時代において共通に求められる力であると言える。

○プログラミング教育とは，子どもたちに，コンピューターに意図した処理を行うよう指示することができるということを体験させながら，発達の段階に即して，資質・能力を育成するものであると考えられる。

　これらを端的に解釈すれば，今後コンピューターが生活に大きく入ってくる時代に，コンピューターに使われるのでなく，コンピューターを使う人間を育成すること，何よりも学習者に受動的な学習や生き方でなく，能動的な学びや人生を期待していると言えるだろう。

## 2.5 「総合的な学習の時間」から アクティブ・ラーニングまで

藤岡達也

### 2.5.1 カリキュラム・マネジメントとSTEAM教育

平成29（2017）年版学習指導要領で注目されたキーワードの一つとして，これまでも何度か登場したカリキュラム・マネジメントが挙げられる。開かれた教育課程を意図し，その具体的な展開例として学習指導要領の中で顕著に示されているのが，総則解説編の付録に記された「現代的な諸課題に関する教科等横断的な教育内容」と言える。取り扱う内容として，「放射線に関する教育」，「環境に関する教育」，「海洋に関する教育」，「防災を含む安全に関する教育」などが示されている。趣旨としては，時代に適した教育活動として期待されるが，各学校現場でどのように実践できるかが，いつもながらの大きな課題であろう。ただ，学習指導要領に記載された教科のねらいを踏まえながらもSTEAM教育の観点を切り口とすると，興味深い展開も可能となる。第3章でそれらを紹介する。

これまでの各教科・科目の枠組みの中での限られた内容を取り扱う教育活動の展開は，確かに，知識・技能の習得の面に関して一定の成果を収めてきたと言える。しかし，これからの先行き不透明な時代には，従来の知識・技能の効率的な習得だけでは「生きる力」を培うことは不可能であり，教育の内容・方法すら抜本的に変える必要性に迫られている。カリキュラム・マネジメントのコンセプトは，今回の改訂で初めて指摘されたのではなく，1998（平成10）年の学習指導要領に登場した「教科横断・総合的な学習の時間」に遡る。いわゆる「生きる力」の育成を目的とする第3の教育改革の重要な取り組みの連続性の一環とも言えよう。

ただ，教科横断・総合的な教育内容をどの授業時間の中で実践するのかは，いつの時代でも学校や教員の悩みの種であった。かつて，文部省（当時）は「環境教育指導資料」等を刊行したり，各都道府県でも副読本を作成したりした。しかし，せっかく作成された副読本をどの教科・科目，場面等で用いるかが不明確のために，副読本が十分活用されていない例が数多く見られた。

この課題は「総合的な学習の時間」が創設されることで解決に向かうように見えた。具体例として「国際理解」、「情報」、「環境」、「福祉・健康」などが挙げられ、方向性は示されたと言って良かった。しかし、「自ら学び、自ら考える力」を育成するためには、教師は指導してはならないという思いもあり、教師は戸惑いながら子どもの活動を見守るしかないこともあった。それでも、小学校の場合、教員にとって全教科を教えることが一般的であるため、それなりの活動の組み立ては可能なところもあった。ただ、何を教材としてどのように取り扱うかについては、各学校、教員によって異なることは想定されていたが、学校、教員の意識、力量の差も実践に反映されたことも否定できない。そのため、学校によっては、「情報」、「国際理解」として、コンピューター活用や外国語（主に英語）習得の授業を実施、展開した例も見られた。現学習指導要領では、「現代的な諸課題」として解説総則編に示されたように、どの教科のどの単元等での取り扱いが可能かは一定の理解が得られようとしている。しかし、各教科の内容を目的に応じて連動させる方法、さらには教育活動に伴った評価の在り方などについての実践上の課題は引き続き継続している。

　一方で、2003（平成15）年12月、知識・技能の習得は重要であり、平成10年改訂学習指導要領に新たに決められた教育内容の量では、学力低下につながると懸念さえされ、学習指導要領は一部改正となった。すでに検定された教科書の内容を補充して増やすなど、この一連の流れの中で「総合的な学習の時間」にも否定的な意見が見られ、次の学習指導要領の改訂以降、この時間の授業時間数が削減された。

　ただ、確かに授業時間数は減ったが、「総合的な学習の時間」で求められていた課題発見・解決型や体験型の学習方法は各教科でも取り入れられ、各教科の内容そのものが、単に知識量の増加を求めたわけではなかった。今日の問題解決型学習（PBL）にもつながっている。

　以上のように、「総合的な学習の時間」導入時の戸惑いや教育内容・方法を巡って試行錯誤してきた経験の蓄積は、これからのSTEAM教育の実践や展開に活かされることが期待できる。

## 2.5.2　STEAM 教育へとつながる「総合的な学習の時間」

　総合的な学習の時間の活動と情報教育の連動が STEAM 教育につながる可能性をもう少し考えてみたい。小中学校では，2008（平成20）年の学習指導要領改訂，2017（平成29）年の改訂時においても，「生きる力」の育成は引き続き求められ，「総合的な学習の時間」は「生きる力」の具現化として期待されて現在に至っている。当初から，「総合的な学習の時間」内に，情報教育として，コンピューターを取り扱うような展開も珍しくなかった。

　平成 29・30 年の学習指導要領改訂にあたって，当時の諮問では，「アクティブ・ラーニング」が繰り返して示された。ただ，「アクティブ・ラーニング」の方法は，理科の授業では珍しいものではなかった。観察・実験などは常にグループワークで行われており，個人の学びだけでなく，グループ全体の学び合いも常に教える側が意図していたものであった。その際，グループの中で一人だけが進めて一方的に他の学習者に意見を述べるのでなく，グループの中の個々に役割を与えたり，発言を促したり控えさせたり，全体のバランスを考えながら学習者が新たな知を自ら生み出させるような指導・支援を教員は行っていたと言って良い。「総合的な学習の時間」で実施されていた方法も理科の実験・観察におけるグループワークと共通するものがあった。全教科を取り扱う小学校教員の応用力が様々な場面で発揮されていたと見ることができるだろう。

　この際，各グループの学びや個人の学びは教員の机間巡視によって行われてきたが，近年では各グループにタブレットを準備し，電子黒板を活用することによって，授業の展開も変わってきた。何よりも，教科を越えた内容や校内では得られない知見に対して，インターネットは「調べ学習」の手法として効果的であった。

　このように，「総合的な学習の時間」によって期待されていた教育内容・方法は，少しずつ各教科での教育活動と連動することとなり，STEAM 教育への下地が作られつつあったと考えてよい。

## 2.6 環境教育, ESD, SDGsとSTEAM教育

藤岡達也

### 2.6.1 環境教育とSTEAM教育

　そもそも，環境問題の解決とSTEM及びSTEAM教育は大きく関係している。第1章でSTEMのバリエーションを紹介したが，E-STEMがその代表的な一つに取り上げられていること自体が，その最たるものであろう。日本ではE-STEMに注目が集まることは少ない。ここでは，環境問題が生じた1970年代から「持続可能な開発」の言葉が生じた1980年代，そして「持続可能な開発のための教育（ESD）の10年」からSDGsまでの教育の動向を中心にSTEAM教育との関連性に焦点を当ててみたい。

　1970年代は，ローマクラブの「成長の限界」に代表されるように国際的に科学技術のマイナス面とも言える環境汚染が問題視され，これに対しての歯止めが求められた。1972年に「国連人間環境会議」が開催され，1975年には国際環境教育会議が開かれた。日本においては，環境教育は公害教育の流れを汲むものであった。一方で，これは戦後の急激な高度経済成長への反動であったとの見方もされる。日本に住む人たちの生活を豊かに便利にするための科学技術が，逆にそれまで存在したことがない公害病を誘発することによって，多くの住民が苦しめられることになった。日本においての急激な経済成長を支えた工業社会の発展は，見方によってはSTEMの成果であり，公害は人間生活への影響を十分に考慮しなかったSTEAMの欠如と言えるかもしれない。農薬という新たな化学物質の問題に注目したレイチェル・カーソンの「沈黙の春」（1962）が世界中で多くの人に読まれた。生誕80年をきっかけにレイチェル・カーソン日本協会が1988年に設立されるなど，科学技術の影響と地球環境との関係が日本でも強く認識されるようになった。人間の功利性を求めた化学物質による汚染の影響は自然環境に悪影響を与え，最終的には人間自身にも返ってくることの警鐘が，特にその後の公害時代を迎える日本にとっては大きな衝撃を与えたと言えるだろう。

　現在，SDGsにおいても，各ゴールには以下のようなターゲットが掲げられているので紹介する。

「6.3　2030 年までに，汚染の減少，投棄の廃絶と有害な化学物・物質の放出の最小化，未処理の排水の割合半減及び再生利用と安全な再利用を世界的規模で大幅に増加させることにより，水質を改善する」，「11.6　2030 年までに，大気の質及び一般並びにその他の廃棄物の管理に特別な注意を払うことによるものを含め，都市の一人当たりの環境上の悪影響を軽減する」，「12.4　2020 年までに，合意された国際的な枠組みに従い，製品ライフサイクルを通じ，環境上適正な化学物質やすべての廃棄物の管理を実現し，人の健康や環境への悪影響を最小化するため，化学物質や廃棄物の大気，水，土壌への放出を大幅に削減する」，「14.1　2025 年までに，海洋ごみや富栄養化を含む，特に陸上活動による汚染など，あらゆる種類の海洋汚染を防止し，大幅に削減する」

　これらの基本となったのは公害時代に生じた地球環境問題からの教訓と考えられる。なお，先のレイチェル・カーソンの「われらをめぐる海」(1951)，「センス・オブ・ワンダー」(1965) などもベストセラーとなったが，科学者でも作家でもあった著者の視点は，今日的に STEAM 教育の先駆けとも言ってよいだろう。

## 2.6.2　環境教育から ESD へ

　地球環境の危機から国連に設置された「環境と開発に関する世界委員会」は持続可能な開発という幅広い政治理念を展開した。1987 年に報告書「我ら共有の未来」(ブルントラント報告) が発表され，この提言は 1992 年，リオデジャネイロでの国連環境開発会議 (UNCED)，通称「地球サミット」の開催へとつながった。先述の「成長の限界」から「限界を超えて」が改めて注目された。教育の重要さも認識され，1990 年代では，ESD が国際的な主流となる。1997 年のテサロニキ会議では，これ以降「環境教育」と ESD は同じものとして取り上げられ，ESD が一般的になった。ただ，日本では文科省の「環境教育指導資料」に見られるように「環境教育」が継続的に用いられ，環境教育に人権教育や国際教育など視点を広げたものが ESD と捉えられていた。そもそも「環境」とは，人間を取り巻く外界すべてに関わるものであり，自然環境だけでなく，社会環境，さらには「内なる環境」も海

外では考えられるようになっていたが，日本においては，自然環境の保全・保護が環境教育の中心であったと言える。もっとも日本の場合，戦後は戦争に巻き込まれることもなく，経済的な貧困から餓死するような状況もほとんどなく，世界から見ると平和な，そしてある豊かさがあったことが，日本の環境教育に影響を与えたと考えられる。

### 2.6.3　SDGs の具体的内容としての ESD

　日本から，国際社会に提言された「国連持続可能な開発のための教育の10 年」は 2005 年から 2014 年まで展開された。提唱国の日本においても，一層取り組みが進んだ。その後も 2015 年から 2019 年までの 5 年間は GAPと呼ばれる後継プログラムに引き継がれ，その後，2030 年まで「ESD for 2030」が展開されている。ESD for 2030 の取り組まれるべき具体的な 5 つの優先行動分野及び 6 つの重点実施領域を示すと次のようになる。

【5 つの優先行動分野】

　1．政策の推進，2．学習環境の変革，3．教育者の能力構築，4．ユースのエンパワーメントと動員，5．地域レベルでの活動の促進

【6 つの重点実施領域】

　1．国レベルでの ESD for 2030 の実施（Country Initiative の設定），2．パートナーシップとコラボレーション，3．行動を促すための普及活動，4．新たな課題や傾向の追跡（エビデンスベースでの進捗レビュー），5．資源の活用，6．進捗モニタリング

　GAP からの主な変更点としては，SDGs の 17 すべての目標実現に向けた教育の役割，持続可能な開発に向けた大きな変革への重点化，ユネスコ加盟国によるリーダーシップへの重点化が挙げられる。

　では，現在の学校教育においては，ESD として何に取り組もうとしているのか，どのような人材の育成が期待されているのかを，STEAM 教育を意図しながら考察する。ESD のねらいとしては，次の①，②が挙げられている。

①持続可能な社会づくりを構成する「6 つの視点」を軸にして，教員・生徒が持続可能な社会づくりに関わる課題を見いだす。6 つの視点とは，1.多様性，2.相互性，3.有限性，4.公平性，5.連携性，6.責任性，である。

②持続可能な社会づくりのための課題解決に必要な「7つの能力・態度」を
　身に付ける。具体的に ESD の視点に立った学習指導で重視する能力・態
　度とは，1. 批判的に考える力，2. 未来像を予測して計画を立てる力，3. 多
　面的・総合的に考える力，4. コミュニケーションを行う力，5. 他者と協力
　する力，6. つながりを尊重する態度，7. 進んで参加する態度，である。
　上の①，②を具体化し，ESD で取り扱うべき内容は時代の流れに応じて
増えつつある。現在では，図1のような関連性が示されている。ここでは具
体的に説明はしないが，各項目を STEAM 教育の視点から取り上げること
も可能である。

**図1　ESD の各構成要素と STEAM の視点**

### 2.6.4　ESD と STEAM 教育

　SDGs ゴール4では，「すべての人々への包摂的かつ公正な質の高い教育
を提供し，生涯学習の機会を促進する」とされている。このゴールの下に
10のターゲットが掲げられており，すべてが STEAM 教育と関連する。そ
れだけでなく，SDGs の17のゴールの実現には ESD をはじめとした教育の
役割は重大である。学校教育など，具体的な人材育成の理念，教育内容，教
育方法を考えると ESD と STEAM 教育との関連は深く，実践の方向が明確

になる。それらの具体例は第3章で紹介する。

## 2.6.5 持続可能な社会の構築と STEAM 教育

現在，国内外でSDGsが注目され，様々な取り組みが見られる。「誰一人取り残さない」をキャッチフレーズとした17のゴールからなる2030年までのSDGsの実現には，科学技術の推進も期待され，STEAM教育の役割も大きく期待される。上述のように教育はゴール4を含め17のゴールすべてに関わっているが，ここでは特にSTEAM教育の視点から，持続可能な社会への貢献の可能性を考察してみたい。

ただ，STEAM教育は，先進諸国間での科学技術の競争とも無関係でないことは見てきた通りである。同時にSTEAM教育に関する先進諸国間の競争は，各国の科学技術向上だけでなく，開発途上国への支援についても見られる。つまり，開発途上国への将来の先行投資を巡っての競争である。開発途上国には金属資源，エネルギー資源，食料資源（もちろん人材資源も）など，様々な資源の可能性が期待されている。何よりその人口から巨大な消費のニーズも推定され，近い将来に一大市場となることが考えられる。単に商品を売り込むだけでなく，それらを活用できるような人材の育成，つまり教育，啓発についても求められている。先進諸国の持続可能な経済活動には，開発途上国の発展も無関係ではない。遠回りに見えるかもしれないが，ある意味では堅実な方法である。SDGsの理念である「自分の国だけでなく，世界の国全体が発展するように努めると，自分の国はより豊かになる」は科学技術政策において顕著である。もちろん，先進諸国の中には，将来の見返りを意図して，開発途上国と強いパイプを早目に築くことを考えて，インフラ等の整備を支援していることも多々見られるのも事実である。

科学技術の貢献，協力に関連して，SDGsのゴールとターゲットに記載されている技術開発や人材の内容から，取り組むべき姿勢を考察してみる。

持続可能な開発目標の最も基本といえるゴール2「飢餓を終わらせ，食料安全保障及び栄養改善を実現し，持続可能な農業を促進する」，ゴール3「あらゆる年齢のすべての人々の健康的な生活を確保し，福祉を促進する」では，以下のようなターゲットが記されている（下線は筆者）。

2.a　開発途上国，特に後発開発途上国における農業生産能力向上のために，国際協力の強化などを通じて，農村インフラ，農業研究・普及サービス，技術開発及び植物・家畜のジーン・バンクへの投資の拡大を図る。

3.b　主に開発途上国に影響を及ぼす感染性及び非感染性疾患のワクチン及び医薬品の研究開発を支援する。

3.c　開発途上国，特に後発開発途上国及び小島嶼開発途上国において保健財政及び保健人材の採用，能力開発・訓練及び定着を大幅に拡大させる。

　これらは，人類が生きていくための最低限の条件を整えるための STEAM が求められていることに他ならない。本書の根幹でもある教育について述べたゴール4「すべての人々への包摂的かつ公正な質の高い教育を提供し，生涯学習の機会を促進する」では，10のターゲットすべてが STEAM 教育と関係している。その中でも STEAM 教育とより密接な内容を抜き出してみる。

4.3　2030年までに，すべての人々が男女の区別なく，手の届く質の高い技術教育・職業教育及び大学を含む高等教育への平等なアクセスを得られるようにする。

4.4　2030年までに，技術的・職業的スキルなど，雇用，働きがいのある人間らしい仕事及び起業に必要な技能を備えた若者と成人の割合を大幅に増加させる。

4.6　2030年までに，すべての若者及び大多数（男女ともに）の成人が，読み書き能力及び基本的計算能力を身に付けられるようにする。

4.7　2030年までに，持続可能な開発のための教育及び持続可能なライフスタイル，人権，男女の平等，平和及び非暴力的文化の推進，グローバル・シチズンシップ，文化多様性と文化の持続可能な開発への貢献の理解の教育を通して，全ての学習者が，持続可能な開発を促進するために必要な知識及び技能を習得できるようにする。

4.b　2020年までに，開発途上国，特に後発開発途上国及び小島嶼開発途上国，ならびにアフリカ諸国を対象とした，職業訓練，情報通信技術（ICT），

技術・工学・科学プログラムなど，先進国及びその他の開発途上国における高等教育の奨学金の件数を全世界で大幅に増加させる。

　上のことからSTEAM教育とSDGsとは，非常に密接的な関係があることが理解できるだろう。SDGs実現のためにSTEAM教育と関係したゴール，ターゲットは多く，具体的な取組内容を理解するためにも，章末に参考として，記載しておく。

　開発途上国がこれから先進諸国に追いつくには，日本が明治維新後にたどった教育システムと若干異なるシステムを採用しなくてはならないと考えられる。つまり，日本はそれぞれの教科の基礎教育を初等教育段階から中等教育段階を経て，特に理工系の大学，専門学校等へ進学後，場合によっては就職後，STEMに取り組んでいたが，開発途上国では初等教育段階からコンピューター等ICTによって，STEAM教育を取り入れる必要があるだろう。当然，日本の学校教育も同様である。現在は従来の教科の枠組みをどのように目的に応じて整理するかが，教育界の課題となっており，算数・数学，理科などの教科間の連動が検討されている。

　話を元に戻すと，開発途上国がいわゆる貧困から脱出するには，先進諸国の働きかけが不可欠である。SDGsが注目される以前より，環境問題は南北問題とも関わっていることは，しばしば論じられてきた。直接的な資金，物資などの支援も求められるが，各国が将来的に自力で発展するためには生産，消費に関しても科学技術に関する支援が重要である。具体的にはSDGsの各ゴールを達成するためにターゲットに記載された情報等の技術開発や人材育成は最重要課題となる。これには教育やトレーニングを始めとした指導者研修なども欠かせない。

　学校教育や教職員・技術職員などへの研修やトレーニングの中で重要な取り組み内容は，STEAM教育と関連している。つまり，開発途上国に対して望まれているのは，情報技術に見られるような教育・啓発である。さらに，STEAM教育にはハード面と共にソフト面の支援も不可欠である。経済格差が教育格差につながり，また教育格差が経済格差につながることが負のスパイラルとなっていく。この教育格差を減らしていくことが，持続可能な社会

の構築に不可欠であり，具体的な方法の一つとして STEAM 教育に期待が集まっている。

## 🔖 ＜参考＞ STEAM 教育に関係するその他の SDGs ゴール

### SDGs5「ジェンダー平等を達成し，すべての女性及び女児の能力強化を行う」

5.b　女性の能力強化促進のため，ICT を始めとする実現技術の活用を強化する。

### SDGs6「すべての人々の水と衛生の利用可能性と持続可能な管理を確保する」

6.a　2030 年までに，集水，海水淡水化，水の効率的利用，排水処理，リサイクル・再利用技術を含む開発途上国における水と衛生分野での活動と計画を対象とした国際協力と能力構築支援を拡大する。

### SDGs7「すべての人々の，安価かつ信頼できる持続可能な近代的エネルギーへのアクセスを確保する」

7.2　2030 年までに，世界のエネルギーミックスにおける再生可能エネルギーの割合を大幅に拡大させる。

7.a　2030 年までに，再生可能エネルギー，エネルギー効率及び先進的かつ環境負荷の低い化石燃料技術などのクリーンエネルギーの研究及び技術へのアクセスを促進するための国際協力を強化し，エネルギー関連インフラとクリーンエネルギー技術への投資を促進する。

7.b　2030 年までに，各々の支援プログラムに沿って開発途上国，特に後発開発途上国及び小島嶼開発途上国，内陸開発途上国のすべての人々に現代的で持続可能なエネルギーサービスを供給できるよう，インフラ拡大と技術向上を行う。

### SDGs8「包摂的かつ持続可能な経済成長及びすべての人々の完全かつ生産的な雇用と働きがいのある人間らしい雇用（ディーセント・ワーク）を促進する」

8.2　高付加価値セクターや労働集約型セクターに重点を置くことなどにより，多様化，技術向上及びイノベーションを通じた高いレベルの経済生産

性を達成する。

## SDGs11「包摂的で安全かつ強靭（レジリエント）で持続可能な都市及び人間居住を実現する」

11.c　財政的及び技術的な支援などを通じて，後発開発途上国における現地の資材を用いた，持続可能かつ強靭（レジリエント）な建造物の整備を支援する。

## SDGs12「持続可能な生産消費形態を確保する」

12.a　開発途上国に対し，より持続可能な消費・生産形態の促進のための科学的・技術的能力の強化を支援する。

## SDGs13「気候変動及びその影響を軽減するための緊急対策を講じる」

13.3　気候変動の緩和，適応，影響軽減及び早期警戒に関する教育，啓発，人的能力及び制度機能を改善する。

## SDGs14「持続可能な開発のために海洋・海洋資源を保全し，持続可能な形で利用する」

14.3　あらゆるレベルでの科学的協力の促進などを通じて，海洋酸性化の影響を最小限化し，対処する。

14.4　水産資源を，実現可能な最短期間で少なくとも各資源の生物学的特性によって定められる最大持続生産量のレベルまで回復させるため，2020年までに，漁獲を効果的に規制し，過剰漁業や違法・無報告・無規制（IUU）漁業及び破壊的な漁業慣行を終了し，科学的な管理計画を実施する。

14.5　2020年までに，国内法及び国際法に則り，最大限入手可能な科学情報に基づいて，少なくとも沿岸域及び海域の10％を保全する。

14.a　海洋の健全性の改善と，開発途上国，特に小島嶼開発途上国及び後発開発途上国の開発における海洋生物多様性の寄与向上のために，海洋技術の移転に関するユネスコ政府間海洋学委員会の基準・ガイドラインを勘案しつつ，科学的知識の増進，研究能力の向上，及び海洋技術の移転を行う。

## SDGs17「持続可能な開発のための実施手段を強化し，グローバル・パートナーシップを活性化する」

17.6　科学技術イノベーション（STI）及びこれらへのアクセスに関する南

北協力，南南協力及び地域的・国際的な三角協力を向上させる。また，国連レベルをはじめとする既存のメカニズム間の調整改善や，全世界的な技術促進メカニズムなどを通じて，相互に合意した条件において知識共有を進める。

17.7　開発途上国に対し，譲許的・特恵的条件などの相互に合意した有利な条件の下で，環境に配慮した技術の開発，移転，普及及び拡散を促進する。

17.8　2017年までに，後発開発途上国のための技術バンク及び科学技術イノベーション能力構築メカニズムを完全運用させ，情報通信技術（ICT）をはじめとする実現技術の利用を強化する。

17.16　すべての国々，特に開発途上国での持続可能な開発目標の達成を支援すべく，知識，専門的知見，技術及び資金源を動員，共有するマルチステークホルダー・パートナーシップによって補完しつつ，持続可能な開発のためのグローバル・パートナーシップを強化する。

　なお，SDGs9「レジリエントなインフラを整備し，包摂的で持続可能な産業化を推進するとともに，イノベーションの拡大を図る」についてはそのターゲットを敢えて記載しなかったが，すべてのターゲットがSTEAMの項目を含んでいるためである。

まずは写真をご覧いただきたい。大阪駅近くの高層ビルであるが，なんとビルの中を高速道路が通っている。このようなビルをつくり，奇抜な Art を取り入れて人を驚かせようとする，さすが関西人の発想だなと思う人もいるかもしれない。

私は授業や講演でしばしばこの写真を取り上げて，理系の学生や理科教員希望者，現職理科教員に次のように問う。「ビルと高速道路，どちらが先にできていたか。次のうちから答えなさい。①ビルが先で高速道路が後，②高速道路が先でビルが後，③その他」

ほとんどの学生は①，②のどちらかに手を挙げるが，ときどき③に挙手する者もいる。

自分は説明して答えを示す。

「本当に皆さんは STEM の考え方ができていませんね（笑）。ビルは重量や耐震の規準を満たすように設計され建設されている。その中にトンネルのような道路をつくるとしたら，可能であっても，予算はどれくらい莫大になるか考えましたか。同様に高速道路の周囲にビルの建設は可能でしょうか。つまり，このようなビルや高速道路は同時に建設しなければ完成できないのです」

その後，「それでは，なぜこのような建物をわざわざ作ったのか」と質問をすると，出てくる答えとしては，「目立つような建物を狙った」「多くの人からの受けを意図した」などである。しかしそうではない。ただ単に，土地を所有する会社も日本道路公団（当時）も，この場所に自分たちの建物をつくりたかっただけなのである。調整や話し合いの結果，半ば妥協もあってできあがったのがこのビルというわけなのだ。つまり，建設時に Art の意図はなかった。実は，1989 年（平成元年）の「立体道路制度」により，上下方向の「立体空間」である道路区域を立体区域として運用できるようになり，結果的に道路公団とビル会社のそれぞれの思いがかなって，このような STEAM の立場から見ても興味深い建築物が誕生することになったのである。

第 **3** 章

日本における
STEAM 教育の
実践展開

## 3.1 防災教育におけるSTEAM教育の展開 ―レゴ教材を用いたプログラミング学習とその効果

佐藤真太郎

### 3.1.1 身近な防災を取り扱ったSTEAM教育の実践

　東京都北区志茂に岩淵水門がある。荒川の洪水時に岩淵水門を閉鎖し，東京の東部低地帯を流れる隅田川の水位上昇を防ぐための重要な水門である。令和元年東日本台風時には，岩淵水門水位観測所で戦後3番目となる水位を記録した。そのため，荒川下流河川事務所によると平成19年9月の「台風9号」以来，12年ぶりに岩淵水門が閉鎖されたとのことである。

　本節では，令和元年東日本台風時の，荒川と隅田川を分ける「岩淵水門」の役割に注目し，発生した自然の事物・現象に関連のある内容を Science, Technology, Engineering, Arts, Mathematics から捉えた授業計画の下，実践したSTEAM教育の展開を示す。Engineering では，「災害学習セットLT（株式会社ナリカ製，以下同製品）」を使用した。レゴで作成した水門を使い，令和元年東日本台風時の水位の変化を示したグラフを基に「荒川の水が隅田川に流入し，隅田川の堤防を越水しないように，岩淵水門を自動で閉じる」プログラミングを行う授業を行った。児童の発話を基にして，その教育的効果について検討する。

　本節は日本理科教育学会の学会誌「理科教育学研究」に掲載された，佐藤・藤岡（2022）にその後の考察を加えたものである。

### 3.1.2 STEAMの観点から捉えた防災教育の授業デザイン

　自然災害に関連する防災教育は，カリキュラム・マネジメントを踏まえ，理科や社会科など，複数の教科で教科横断的に学習することが期待されている（文部科学省，2019a）。これを踏まえ，国内での授業実践の取り組み易さから，STEAM教育の教科横断的な視点は Vasquez, Sneider & Comer（2013）が示すアプローチのうち，共通テーマに沿ってカリキュラムを編成することで，個々の概念とスキルをつなげていく "Thematic or Multidisciplinary" アプローチを取り入れる。

国内における STEAM の概念や定義については，いまだ定まっていない状況が見られる（胸組，2019 など）。特に A の概念については，文部科学省と経済産業省でも，それぞれ「Art（芸術）」と「Arts（教養）」の二つの立場から捉えており，定義が一致していない（辻合・長谷川，2020）。

本節では STEM については，米国の STEM Integration K-12 Education の定義に従う。一方，Art/Arts については，Yakman（2008）を参考にし，防災教育における Arts（教養）として，その役割を検討する。

本節で示す授業は，令和 3 年 3 月中旬に，小学校第 5 学年の児童 29 名を対象として，全 12 時間で実施した授業である。

表 1　令和元年東日本台風発生時の，荒川，隅田川，岩淵水門に関連した内容を，Science・Technology・Engineering・Mathematics の 4 つの観点に分けた授業計画（佐藤・藤岡，2022 から抜粋）

| STEM | 時間 | 学習内容 | 学習活動 |
|---|---|---|---|
| 導入 | 0.1 | | ・自然災害の一つに「水害」があることを確認する。 |
| Basics | 0.9 | 水門とは何か, 水門の役割について知る。 | ・洪水を防ぐためのいくつかの方法について調べる。<br>・洪水を防ぐ手立ての一つに「水門」があることを知る。<br>・「水門」に注目し,荒川と隅田川に位置する岩淵水門について調べる。 |
| Science | 4 | 上流・中流・下流で川と川原の石,川や川岸の違いについて調べる。 | ・映像を基にして,上流・中流・下流の様子の違いについてノートにまとめる。<br>・地面に水を流し,侵食・運搬・堆積について調べる。<br>・水は土地の低いところに流れることに気が付く。 |
| | 3 | 水量の違いによる地形の変化について調べる。 | ・水量を変えて,土に水を流す活動を通して,土の削られ方や運ばれる土の量の違いについて調べる。<br>・短時間で多くの雨が降ると川の水量が急激に増加することに気が付く。<br>・川は, 本流と支流があわさることで,上流よりも下流の水量が多く,多くの雨が降ると下流の水量が増え,水位が高くなることに気が付く。<br>・川の水の量が増えると,川の流れる速さも速くなることに気が付く。<br>・川の流れが速くなると,侵食と運搬が増えることに気が付く。<br>・地すべり,がけ崩れ,土石流,洪水などの現象について知る。<br>・水の流れの変化について,「いつもの河川」「大雨時:隅田川の水位が荒川の水位よりも高い時」「大雨時:荒川の水位が隅田川の水位よりも高い時」で,どのように違うのかを考える。<br>・水門の開閉が水量(水位)の増減に与える効果を理解する。 |
| Technology | 1 | ・水門をどのように開閉しているのかについて調べる。<br>・水門は自動で開閉できるのかなど,水門に関わる新しいテクノロジーについて調べる。 | ・岩淵水門が開閉する様子について,資料や映像を用いて確認する。<br>・資料やインターネットを用いて,水門を開閉する新しい技術について調べ,情報を共有する。<br>・水位の上昇を感知して,センサーで知らせるシステムなどについて知る。 |
| Mathematics | 1 | ・河川の水位の変化のグラフを読み取ることができる。<br>・洪水が発生する水位の高さについて多様的な状況を勘案して考える。 | ・令和元年10月台風第19号時の複数の場所での河川の水位の変化について,グラフから読み取る。<br>・洪水が発生する可能性が考えられる水位の高さは,場所によって異なることを知る。<br>・水位の高さと水防警報発令状況の関係について,令和元年10月12日から15日の間の岩淵水門(荒川側)と岩淵水門(隅田川側)の水位の変化のグラフから読み取る。 |
| Engineering | 2 | ・令和元年10月台風19号の時の荒川の水位と隅田川の水位の変化のグラフを読み取り,岩淵水門を閉じるプログラムを作成する。 | ・「災害学習セットLT」を活用し,「6. 洪水を防ごう」のプロジェクトに従い,プログラミングの方法と,それに伴う水門の動き方を確認する。<br>・「災害学習セットLT」を活用し,令和元年東日本台風時に岩淵水門が閉じた時間と同じ時間だけ,レゴブロックで作成した岩淵水門を閉じさせるプログラムを作成する。<br>・**モーションセンサーか,傾きを感知するチルトセンサーを用いて,「荒川の水が隅田川に流入し,隅田川の堤防を越水しないように,岩淵水門を自動で閉じる。」という目標を設定し,安全に水門を開閉することができるプログラミングを行う。** |

※ Engineering がプログラミングを通した学習活動，太字・下線部が，本節で教育的効果の検討を行った活動

### 3.1.3 授業実践における STEAM の各要素

①導入・Basics

Science, Technology, Engineering, Mathematics, Arts に含まれない基礎的な知識・技能を習得する場面を Basics とした。

導入では，自然災害の一つに洪水があることを確認した。そして，Basics では，洪水を防ぐための設備の一つに，水門があることを確認し，荒川と隅田川を分ける岩淵水門とその周りの様子について調べる学習を行った。

② Science

日本の小学校では，Science の取り扱いは，理科の時間に当てはまる。本節で示す授業も，小学校第 5 学年「B（3）流れる水の働きと土地の変化」の授業時間に実施した。米国の STEM Integration K-12 Education では，Science について，物理学，化学，生物学に関連する自然界の法則，及び治療・研究など，自然界の研究，これらの分野に関連する事実，原理，概念，慣習を取り扱う，または適応することと説明されている。また，Science とは，長い時間をかけて蓄積された知識の体系であると同時に，新たな知識を生み出す科学的探究のプロセスでもあり，Science の知識が Engineering の設計に生かされるとしている（National Research Council, 2014）。

③ Technology と Engineering

日本の小学校では，Technology と Engineering の内容は扱われていない。STEM Integration K-12 Education では，Technology とは「Technology を創造し運用する人，組織，知識，プロセス，デバイスなどのシステム全体を指す」，Engineering は「人間が作った製品の設計と創造に関する知識の体系であり，問題解決のためのプロセスでもある」（National Research Council, 2014）と説明されている。この捉え方を参考に，自然災害からの防災に関連した Technology と Engineering を位置付ける。

Technology と Engineering は「技術」と「工学」と訳されるが，本節で「技術」と「工学」は，自然現象に適応した防災に関連したものである。したがって，Technology は「災害を防ぐためのシステム全体」として捉える。また，

国際技術工学教育者協会（International Technology and Engineering Educator Association）は Technology Literacy（技術リテラシー）について，Technology 全般を使用，管理，理解，評価する能力としている。これを踏まえると，Technology Literacy は，知識としての"Technology"の他に，プログラミングの技術に当たる"Technique"を包含し，Engineering の活動に影響を与えるため，これらは分けて考える必要がある。

　また，鈴木・上石・橋本・山本（2018）によれば，防災工学とは「地震，豪雨，火山噴火等のハザードによる外力が誘因として作用した際，自然災害に強い社会システムやソフト対策により，社会素因を強靭にすることによって，災害の発生を防止，あるいは被害を軽減し，ひとの生命，身体，財産を守るための技術を研究する学術分野」と定義される。そこで，Engineering は「災害の発生を防止，あるいは被害を軽減し，人の生命，身体，財産を守るために人が作った製品の設計と創造に関する知識の体系であり，問題解決のためのプロセス」として捉える。

　これらの定義を基に，本授業実践では，総合的な学習の時間に，Technology の時間として，水門を開閉する新しい技術について調べ，児童同士で情報交換をしたり，水位の上昇を感知して，センサーで知らせるシステムなどについて調べたりする活動を行った。そして，Engineering の時間に，「災害学習セット LT」を使用して，「荒川の水が隅田川に流入し，隅田川の堤防を越水しないように，岩淵水門を自動で閉じる」プログラミング教育を行った。

④ Mathematics
　Mathematics は，小学校第4学年「D（1）ア（イ）折れ線グラフの特徴とその用い方を理解すること（文部科学省，2019c）」の復習として実施した。
　Anderson et al.（2020）は，過去4年間に STEM 教育として行われた複数の研究内容から，数学的理解が他の STEM 分野の理解の発達を支援する方法を整理し，「STEM の各領域の学習を促進させるアプローチ」と「STEM の各領域での学習を通して，問題解決能力や批判的思考力を育成するアプローチ」，「算数，数学（統計）の理解を深化させるアプローチ」の三つのア

プローチがあることを示している。ここでは，Anderson et al.（2020）が示したアプローチに基づき，Mathematics での学習内容を検討する。

　始めに，令和元年 10 月台風第 19 号時の複数の場所での河川の水位の変化をグラフから読み取った。具体的には，洪水が発生する水位の高さは，場所によっても異なることを理解した。また，水門を閉鎖した 10 月 12 日，21 時 17 分での水位が 4 m であることをグラフ（図3）から読み取ることを行った。さらに，水位の高さと水防警報発表状況の関係について，東日本台風時の岩淵水門（荒川側）と岩淵水門（隅田川側）の水位の変化のグラフ（図3）と水防警報発表に関連した資料から読み取る活動などを行った（水防警報とは，国土交通大臣または都道府県知事が，洪水等により国民経済上重大または相当な損害が生じるおそれがあると認めて指定した河川等について，災害が起こるおそれがあるとき，水防を行う必要がある旨を警告して行う発表をいう）。

⑤ Arts
　辻合・長谷川（2020）は，我が国においては，文部科学省では，A を「芸術」の意味に近い Art を示していると述べ，経済産業省では，A を Art から，「教養」の意味に近く，リベラルアーツまで広く捉える Arts に方針転換していると指摘している。これを踏まえると，国内では Art の概念と Arts の概念が並列して存在している。本節では本実践で取り扱う教材の性質と，自然災害からの防災教育という観点から，A をリベラルアーツまで広く捉える「Arts」として捉え，その役割を改めて検討する。

　Yakman（2008）は，Art Education について，社会学，哲学，心理学，神学，歴史学，公民学，政治学などの社会科学，そして，教育学を含む，最も広い「リベラルアーツ」という分類ができると述べている。特に，K-12（幼稚園から高等学校 3 年生までの 12 年間の教育機関）の縦割り構造の中に，教育分野そのものが含まれていないことを指摘している。確かに，国内においても教育課程の中に，「教育学」は取り扱われていない。しかしながら，児童同士の協働の過程で，自らの考えを，他者に対してわかりやすく説明しようとする対話的な活動は国内においても重要視されている（中央教育審議

会，2016）。これらの活動は，STEAM教育におけるArtsの役割を担うとも考えられる。さらに，ScienceやMathematics，Technologyで獲得した知識を用いて，Engineeringの時間に，センサーをデザインする取り組みはArtsを包含する。実際に子供たちが作成したセンサーには，様々なデザインのものが存在する。図1は，子供たちが実際に作成したセンサーである。どちらも，モーションセンサーを活用したものだが，センサーの取り付け部分の構造は違っている。David et al.（2017）は，A は，STEMの概念獲得を支持すると指摘しているが，実際に本節で紹介する教材を活用した，Engineeringの過程においても，Arts は，Engineering等の活動の中で，STEMの各要素を支持している。

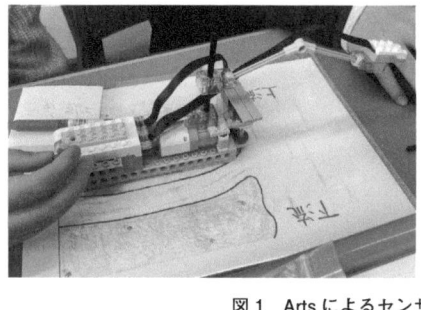

**図1　Arts によるセンサーのデザインの違い**

### 3.1.4　Engineering で実践したプログラミング教育実践
①使用するプログラミング教材（レゴ教材）
　使用するプログラミング教材は，小学生でもプログラミングが可能な「レゴ WeDo2.0」のソフトウェア（図2：左）と連動した「災害学習セット LT」（図2：右）である。

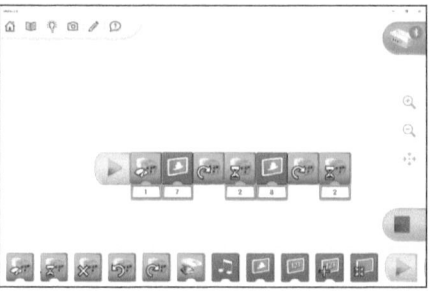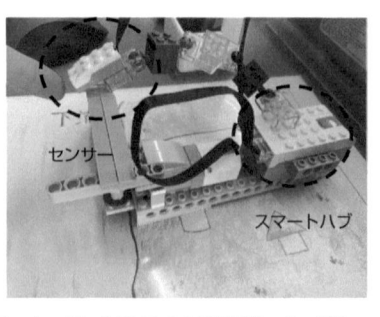

図2 「災害学習セット LT」を活用した学習の様子　左：「レゴ WeDo2.0 の画面」　右：「災害学習セット LT」

　レゴ WeDo2.0 には，様々な形をしたブロックが入っている。その他に，コンピューターが内蔵されたレゴブロック（スマートハブ），動作を感知する「モーションセンサー」，傾きを検出する「チルトセンサー」がある。スマートハブを通して，センサーに反応させて，モーター等を動かすプログラムを組むことができる。また，「レゴ WeDo2.0」には，いくつかのプロジェクトが用意され，その一つに「洪水を防ごう」というプロジェクトが収録されている。これは，小学校第5学年「B（3）流れる水の働きと土地の変化」で活用することを想定している。河川の水量の変化による水門の開閉を制御するプログラムを組むことが可能である。「水門の開閉」という治水のための情報や技術について考え，それを通して，水害を防ぐために思考・判断する場面が想定できる（図2）。

② Engineering におけるプログラミング教育の展開

　上流と下流の文字が記載されている川が描かれている絵の上に，レゴブロックで作成した水門を設置する（図2：右）。そして，物体の動きを感知するモーションセンサーか，もしくは傾きを感知するチルトセンサーを用いて，「荒川の水が隅田川に流入し，隅田川の堤防を越水しないように，岩淵水門を自動で閉じる」という目標を設定し，スマートハブにセンサーを付けて，水門の開閉を自動化するプログラムを作成することを伝えた。

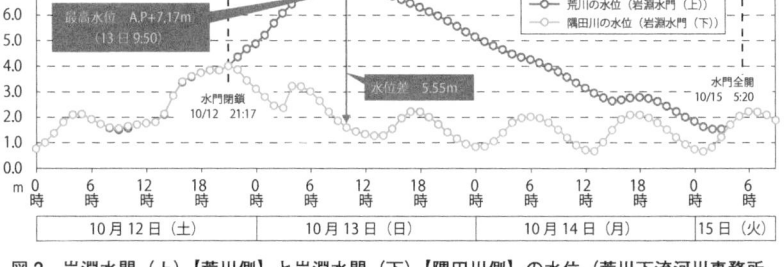

図3 岩淵水門（上）【荒川側】と岩淵水門（下）【隅田川側】の水位（荒川下流河川事務所, 2020 から抜粋）

　センサーの取り付け部分は，川の流れる向きや荒川の水位と隅田川の水位の変化のグラフ（図3）から得られた情報を踏まえてレゴブロックで自作させた（図2）。

　なお，児童がグラフ等（図3）から読み取る実際の水位の高さを，河川のモデルに置き換えて考える際に，実際の1mをモデル上の1cmとして考えることを全体に指示した。また，プログラム上の1秒間は，実際の1時間と見なすように伝えた。

### 3.1.5　Engineering におけるプログラミング教育実施時の児童の発話

　プログラミング教育実践時の班ごとの児童の発話をビデオカメラと IC レコーダーで記録し，テキストデータを作成した。それを基に作成した発話プロトコルから，本授業実践の効果について検討する。

　表2は，Science で獲得した知識を Engineering（プログラミング実施時）で活用している場面の発話プロトコルである。J「最初からやるとダメなんだよ。動きに反応するから，実際に水面が上がってくる速さを考えよう」は，対話的な活動から Science で学習したモデル実験を通して，水門の開閉が水量（水位）の増減に与える効果を検証する活動と，Mathematics での荒川の水位と隅田川の水位の変化のグラフ（図3）から情報を読み取る活動が連動して，Engineering で行うプログラミング及びセンサーの設計に生かされて

いる。またM「センサーが反応しないな。おおー，反応した」から，Engineeringの活動には，Techniqueが共在することが読み取れる。

表2 Scienceで獲得した知識をEngineeringで活用している場面の発話プロトコル

| 発話者 | プロトコル |
|---|---|
| J | それが延長のやつですか。逆に低くなるか。これで，こうして，こうやってつければ。これで，ここを測ればいいんだよ。これでオッケーのはず。 |
| M | センサーが反応しないな。おおー，反応した。 |
| J | 最初からやるとダメなんだよ。動きに反応するから，実際に水面が上がってくる速さを考えよう。 |

表3は，モーションセンサー（動作を感知）とチルトセンサー（傾きを検出）のどちらのセンサーを用いて水門の開閉を自動化するプログラムを作成するかを考えている場面の発話プロトコルである。

表3 Technologyで獲得した知識をEngineeringで活用している場面の発話プロトコル

| 発話者 | プロトコル |
|---|---|
| F | 僕もモーションセンサーの方がいいと思う。近づいたらだから，水に反応できる。 |
| G | チルトセンサーだと，普通に風とかで動くこともあるから，そういう時に閉めちゃったら危険だから，波が近づいてきたら，波っていうか，水面が上がってきたことに反応した方がいいと思う。 |

G「チルトセンサーだと，普通に風とかで動くこともあるから，そういう時に閉めちゃったら危険だから，波が近づいてきたら，波っていうか，水面が上がってきたことに反応した方がいいと思う」の発言からも，それぞれのセンサーの特徴をよく捉えて，Engineeringの活動に生かしていることがわかる。センサーの特徴については，Technologyの時間に，実際に活用されているセンサーを調べることを通して理解している。また，この活動の中で行うセンサーのデザインはArtsの要素を包含する。したがって，Engineeringでの活動にはArtsの要素に支持されながら，Technologyで獲得した知識が活用されていることがわかる。

表4は，センサーの設置する場所や高さ等を議論している場面の発話プロ

トコルである。

表 4　問題解決能力や批判的思考力を育成している場面の発話プロトコル

| 発話者 | プロトコル |
|---|---|
| E | 水が下に，この方向からこなければいけない。 |
| G | どっちから波がくるか。どこら辺からくるんだっけ？ |
| E | 上流で，下流だから。実験結果から考えると，ここ，こっちに流れるよね。ちょっと待って，これ丁度高さ 4 ㎝だけど，どこからの 4 ㎝で付けるか。 |
| G | 高さ 4 ㎝？これをどうやってつけるか。何を？どうやって？ |
| F | くっつけるっていうか，置く？ |
| E | 置く？水面に？くっつけなきゃだめじゃない？今のままじゃ流されていくよ。 |

　E「上流で，下流だから。実験結果から考えると，ここ，こっちに流れるよね。ちょっと待って，これ丁度高さ 4 ㎝だけど，どこからの 4 ㎝で付けるか」は，Science で学習した，川の水が流れる方向の知識と Mathematics の時間にグラフから読み取った，水門を閉鎖した 10 月 12 日，21 時 17 分での水位が 4 m であるという知識を活用している。さらに E「置く？　水面に？　くっつけなきゃだめじゃない？　今のままじゃ流されていくよ」は，問題解決の流れの中で，グループ内での考え（意見）を吟味している。これは，批判的思考が働いていると考えることができる。ここでもセンサーをデザインする Arts の要素が含まれる。

　したがって，本授業実践において，Mathematics のアプローチは，Anderson et al.（2020）の示す三つのアプローチのうち，「STEM の各領域の学習を促進させるアプローチ」と「STEM の各領域での学習を通して，問題解決能力や批判的思考力を育成するアプローチ」の二つのアプローチに当てはまる。

　このように，Engineering で行うプログラミングの活動には，Science, Technology, Mathematics の知識が活用されており，これらの知識が連動する中で，思考・判断・表現が行われていることがわかる。また，議論を含めたこれらの活動のプロセスに Arts の役割があることがわかる。

### 3.1.6 まとめ

　本節では，令和元年東日本台風時の「岩淵水門」をテーマとし，発生した自然の事物・現象に関連のある内容を Science, Technology, Engineering, Mathematics, そして，Arts から捉えた授業計画の下，実践した STEAM 教育の展開を示した。そして，その教育的効果について検討した。

　その結果，Engineering で行うプログラミング実施時には，Science, Technology, Mathematics などの知識・技能が活用されていた。また，本授業では，他者との効果的な協働における対話的な活動及びセンサーのデザインという二つの側面から Arts を捉えた。センサーのデザインは，Science, Technology, Mathematics の知識が活用されており，Arts の要素は，これらの活動を促進させる役割を担うことが確認された。

　防災・減災のシステムを理解するためには，自然の事物・現象のメカニズムについてだけでなく，自然災害を削減することを目的とした技術・工学の知識が求められる。本授業実践で示したように，発生が予想される自然災害に関連した内容を題材とした STEAM 教育の展開は，防災・減災システムを理解できる総合的な理工教育としての可能性が期待できる。

**文献**

1) 荒川下流河川事務所，大都市・東京を洪水から守る　岩淵水門（https://www.ktr.mlit.go.jp/ktr_content/content/000787857.pdf）
2) 荒川下流河川事務所，令和元年 10 月台風第 19 号による荒川下流管内の出水状況等について，1-13，2020（https://www.ktr.mlit.go.jp/ktr_content/content/000759404.pdf）
3) Anderson, J., English L., Fitzallen, N., & Symons, D., The contribution of mathematics education researchers to the current STEM education agenda.In J. Way et al. (Eds.), Research in mathematics education in Australasia, 2016-2019, 27-57, 2020
4) Sousa, D.A., Pilecki, T., From STEM to STEAM, Corwin, 2013, 胸組虎胤訳，AI 時代の子どものための STEAM 教育，幻冬舎，2017
5) International Technology and Engineering Educator Association（https://www.iteea.org/51801.aspx）
6) 文部科学省，学校安全資料「生きる力」をはぐくむ学校での安全教育，1-116，2019a
7) 文部科学省，小学校学習指導要領（平成 29 年告示）解説算数編，P220，2019

8) 文部科学省，小学校学習指導要領（平成29年告示）解説理科編，71－73，2019

9) 胸組虎胤，STEM教育とSTEAM教育―歴史，定義，学問分野統合―，鳴門教育大学研究紀要，34，58-72，2019

10) National Research Council, STEM integration in K-12 education, Status, prospects, and an agenda for research., National Academy Press, 14, 2014

11) 佐藤真太郎，藤岡達也，自然災害に関わるプログラミング教材の活用―防災教育と連動したSTEM教材の開発と実践による教育的効果の検討―，理科教育学研究，62（3），611-620，2020

12) 鈴木猛康，上石勲，橋本隆雄，山本吉道，防災工学，理工図書，2，2018

13) 辻合華子，長谷川春生，STEAM教育における"A"の概念について，科学教育研究，44（2），93-103，2020

14) 中央教育審議会，幼稚園，小学校，中学校，高等学校及び特別支援学校の学習指導要領等の改善及び必要な方策等について（答申），1-242，2016（https://www.mext.go.jp/b_menu/shingi/chukyo/chukyo0/toushin/__icsFiles/afieldfile/2017/01/10/1380902_0.pdf）

15) Vasquez, J., Sneider, C., Comer, M., GRADES3-8STEM Lesson Essentials-Integrating Science, Technology, Engineering, and Mathematics, Heinemann, 60, 2013

16) Yakman, G., ST Σ @M Education:an overview of creating a model of integrative education, 2008（https://www.iteea.org/86752.aspx）

## 3.2 STEAM教育で日常生活が学びの場になる

川真田早苗

### 3.2.1 小学校学習指導要領とSTEM教育の関連

文部科学省（2019）は，初等中等教育段階におけるSTEAM教育について「Science, Technology, Engineering, Art, Mathematics等の各教科での学習を実社会での問題発見・解決にいかしていくための教科横断的な教育」とし，「『総合的な学習の時間』や『総合的な探究の時間』，『理数探究』等における問題発見・解決的な学習活動の充実を図り，幅広い分野で新しい価値を提供できる人材を養成すること」を目指している。

一方，小学校学習指導要領（2017）では，STEAM教育に関連する記述として，「(1) 各学校においては，児童の発達の段階を考慮し，言語能力，情報活用能力（情報モラルを含む），問題発見・解決能力等の学習の基盤となる資質・能力を育成していくことができるよう各教科等の特質を生かし，教科等横断的な視点から教育課程の編成を図るものとする」と示されている。

両者より，小学校段階のSTEAM教育とは，児童が身近な生活の中で活用されている技術やしくみと各教科の学習内容を関連付けることを通して，学習とは豊かで安全な社会づくりや人の幸せに寄与する価値あるものであることを実感し，主体性，創造性，問題解決能力を高めていく教育であると捉えられる。

しかし，STEAM教育の具体的な内容や方法は乏しい。そこで，本節では，日常が学びの場へと変容する理科・家庭科からなる実践と，理科におけるプログラミング学習を紹介する。

### 3.2.2 小学校におけるSTEAMの構成要素

本節では，小学校におけるSTEAMの構成要素について先行研究をもとに，次のように設定した。

Sは問題解決のプロセスの中で身の回りの自然の規則性を見いだすこと，また，それらを身近な生活に関連付け理解したり，問題を発見したりすること，Tは学習したことやセンサー等の技術を活用し，生活に役立つものづく

りなどをすること，Eは目的にあった方法や材料を選定し，それらを組み合わせたり活用したりして問題を解決すること，Aは造形的な視点で表現し，生活に楽しみや潤いを与えること，Mは身近な事象を数量や図，グラフ，表などで表現し，それらを活用して問題解決につなげることとした。

### 3.2.3　6年理科「水溶液の性質」，家庭科「調理実習」の実践例

表1　本授業で位置付けられる STEAM の構成要素

| 構成要素 | S | T | E | A | M |
|---|---|---|---|---|---|
| | 問題解決のプロセスの中で身の回りの自然の規則性を見いだす。また，それらを身近な生活に関連付け理解したり，問題を発見したりすること | 学習したことやセンサー等の技術を活用し，生活に役立つものづくりなどをすること | 目的にあった方法や材料を選定し，それらを組み合わせたり活用したりして問題を解決すること | 造形的な視点で表現し，生活に楽しみや潤いを与えること | 身近な事象を数量や図，グラフ，表などで表現し，それらを活用して問題解決につなげること |
| 取り扱う教科 | | | | | |
| 算数科 | | | | | ○ |
| 理科 | ● | ● | ● | | |
| 図工科 | | | | ○ | |
| 家庭科 | | | ● | | |

①本授業における STEAM 教育のねらい

S：水溶液は，アントシアンを含むリトマスゴケでできたリトマス紙の色の変化によって分類できることを理解し活用しようとする。

T：リトマス紙の色をヒントに，活用できそうな身近な植物を予想し，マイリトマス紙やマイリトマス液づくりができる。

E：目的に応じた色素の抽出方法を選択することができる。

A：栄養バランスを考慮し，カラフル冷麺を美しく盛り付けることができる。

M：身近な植物の色素を抽出し作ったリトマス紙やリトマス液の色が水溶液の性質により変化した結果を表に表すことができる。

②単元構成

表2　単元構成

| 理科 | | 家庭科 |
|---|---|---|
| リトマス紙を使って水溶液を仲間分けしよう（4時間） | マイリトマス紙やマイリトマス液をつくろう（2時間） | 元気な毎日を送るためのカラフル冷麺をつくろう（2時間） |

③授業概要

　本授業までに，児童は，リトマス紙の色の変化によって水溶液を酸性，中性，アルカリ性に分ける学習を終えている。リトマス紙はリトマスゴケから抽出した色素を浸み込ませた試験紙であり，児童にとっては初めての指示薬である。そこで，理科で学習したリトマス反応を台所の科学へつなげ，日常が学びの場となるように，理科・家庭科からなる4時間の授業を構想した。本授業づくりのポイントは2点ある。1点目は，マイリトマス紙作成の意欲を高めるために，リトマス紙作成の動画を視聴させ，身近な植物でリトマス紙を作りたいという意欲を高めたことである。2点目は，理科で学習したリトマス反応を家庭科へとつなぐ問いを児童にもたせたことである。ここでは，理科の第2時の振り返りの際，水溶液の性質によりマイリトマス液の色が変化したことをもとに，アルカリ性の中華麺を，ムラサキキャベツのゆで汁でゆでると，中華麺の色はどのように変化するのかを考えさせた。

④授業展開例

（1）理科（第1時）

　本時では，まず，動画で紹介された「リトマス紙はリトマスゴケの色素を抽出して作られていること」をもとに，児童は，「マイリトマス紙やマイリトマス液は，身の回りの青い色の植物を使うと作ることができるのではないだろうか」という問題を設定した。次に，身近にある青い色の植物は何か，どこにあるのか，色を抽出する方法などについて班ごとに話し合った。このとき，児童が，必要な植物を集めたり，道具を揃えたりする時間がほしいと願い出たため，準備時間を考慮し，第2時は2日後に実施した。

(2) 理科（第2時）

　児童は授業後すぐに校庭や花壇，自宅や近所の花壇などを探し，予想していた青い色の植物だけでなく，赤い色の植物も集め持参した。教員は，児童の意識を家庭科へとつなげるため，ムラサキキャベツを用意した。第2時では，まず，用意した植物を煮たり（図1），たたいたりして（図2）色素を抽出しマイリトマス液とマイリトマス紙を作った。

　次に，水溶液の性質による色の変化を表にした。その後，予想と実験結果を比較し，青色だけでなく赤色の植物も水溶液の性質により色が変化することを共有した。最後に，「マイリトマス紙やマイリトマス液は，青い色や赤い色の身近な植物を使うと作ることができる」と結論づけた。

　学習の振り返りの際，教員は，食品には，かんすいを使って作ったアルカリ性の中華麺があることを紹介し，「ムラサキキャベツのリトマス液で中華麺をゆでると，中華麺の色はどうなるだろうか」と問いかけた。すると，児童は，ムラサキキャベツで作ったリトマス液にアルカリ性の石けん水を入れると緑に変化したことを挙げ，麺は緑色へと変化するだろうと答えた。また，レモン汁を入れるとピンクに変化したことから，ピンク色の麺も作れるかもしれないと体を乗り出して答えた。この話し合いにより，児童は理科の学習と家庭科の学習をつなげる目的を明確に把握した。

図1　マイリトマス液　（左）酸性・（中）中性・（右）アルカリ性

図2　マイリトマス紙　　　　　　図3　カラフル冷麺

（3）家庭科（第3・4時）

　第3時では，まず，ムラサキキャベツのゆで汁を作り，その液で中華麺を
ゆで，中華麺が緑色に変化するかどうかを確かめた。児童が予想したように
2分ゆでると中華麺が緑色へと変化した。これを見た児童は「すごい。緑色
の麺になった。やっぱりリトマス液は食品にも使える」と歓声を上げた。次
に，緑色の中華麺を三等分し，その一つ分にレモン汁をたっぷりかけ混ぜる
とピンク色へと変化した。これを見た児童は，「レモン汁は酸性だから中華
麺の色がピンクに変わった。こんな綺麗な冷麺は見たことがない。リトマス
液はすごい。お母さんにも作ってあげたい」と大喜びした。最後に，栄養バ
ランスを考慮し冷麺にトッピングする食材を決定した。トッピングの食材は
教員が予め準備しておいた。児童は，緑とピンクの麺がより美味しそうに見
えるように，ゆで卵，ハム，キュウリ，トマトなどの食材を盛り付け，試食
した。授業後，家庭でカラフル冷麺を作った児童は，理科と家庭科はつなが
り生活に役立つこと，家族にとても喜ばれうれしかったこと，リトマス液が
いつでも作れるようにムラサキキャベツを冷凍していることを日記に記して
いた。

## 3.2.4　6年理科「電気の利用」，プログラミングの実践例

表3　本授業で位置づけられるSTEAMの構成要素

| 構成要素 | S | T | E | A | M |
|---|---|---|---|---|---|
| | 問題解決のプロセスの中で身の回りの自然の規則性を見いだす。また，それらを身近な生活に関連付け理解したり，問題を発見したりする | 学習したことやセンサー等の技術を活用し，生活に役立つものづくりなどをすること | 目的にあった方法や材料を選定し，それらを組み合わせたり活用したりして問題を解決すること | 造形的な視点で表現し，生活に楽しみや潤いを与えること | 身近な事象を数量や図，グラフ，表などで表現し，それらを活用して問題解決につなげること |
| 取り扱う教科 | | | | | |
| 算数科 | | | | | ● |
| 理科 | ● | ● | ● | ○ | |

①本授業におけるSTEAM教育のねらい

S：センサーを回路の途中につなぎスイッチとする電気回路を作る。

T：センサーやコンピューターの役割を理解する。

E：目的に応じたセンサーを選び，どういう動きをさせたいかを構想しプログラムを作成する。

A：センサーとコンピューターを使って，周りの人が喜んでくれるものを作りたいという意欲をもつ。

M：電気を効率的に利用するため，センサーで周りの状況を測定し，数値を設定する。

②単元構成

表4　単元構成

| 理科 | | |
|---|---|---|
| 手回し発電機で本当に電気をつくることができるのか（3時間） | 何が原因で豆電球とLEDの発光時間は違うのだろうか（4時間） | 周りが明るいと消灯し，暗いと点灯する夜間ライトをつくろう（2時間） |

③授業概要

　これまでの授業で児童は，手回し発電機で作った電気をコンデンサーにため，その電気を利用して豆電球やLEDを点灯させ，どちらがより効率的に電気を利用できているのかを比較し，LEDは高効率照明であることを学習している。これをもとに，本授業では，身近な電気製品がコンピューターとセンサーによりどのように制御されているのかについてプログラムを作る体験を通して学習する。この学習を通して，児童は，コンピューターやセンサーは電気を効率的に利用し安全で便利な生活を送るために生活の様々な場で活用されていることに気づく。本授業では，ブロック型のアイコンを組み合わせて初心者でも簡単にプログラムを作ることができるスクラッチをベースにしたアーテック社のStuduino Liteを使用する。

④授業展開例

　本授業では，通学路にある夜間ライトを取り扱い，そのプログラムを考えさせる。児童はこれまで意識もしていなかった夜間ライトがプログラムにより制御されていることに驚いた。プログラムを作る際には，まず，夜間ライトの動きと動くときの条件をワークシートに書かせた。その後，夜間ライトを動かすためには，どのような命令や条件が必要かをワークシート内の選択肢から選ばせた。

　次に，どのくらいの明るさで夜間ライトは点灯するのか調べたいと児童が申し出たので，Studuino Liteを接続させ，明るさセンサーの数値を計測させた。明るさセンサーの計測値は約93で明るさセンサーに手をかざしたときの測定値は約58であったことから，周りが暗いと判断する数値を80としワークシート上にプログラムを作った。

　その後，豆電球をつないだStuduino LiteをPCに接続し，自分が考えたプログラムを転送し，プログラム通りに豆電球が点灯するかの動作を確認した。児童はこの活動を何度も繰り返した。なぜなら，児童が最も確かめたいことは，自分が考えたプログラムで本当に夜間ライトが点灯するか否かだったからである。このことを見越して，教員はPC台数をできるだけ数多く設置し，プログラムが転送できるようにした。プログラムを転送し，明るさセ

ンサーを手で覆い豆電球が光ると，児童は歓声を上げた。最初は難しいと
言っていた児童もプログラムを考え試すことが楽しいと話していた。友達と
プログラムを見比べ，異なっていた場合はお互いのプログラムを試してい
た。授業終了時には，Studuino Lite には温度センサーや人感センサーがあ
ることから，児童は，これらのセンサーも使い，電気を効率的に活用できる
プログラムを作りたいと話していた。また，授業終了後は，日常の場で，セ
ンサーを活用したプログラムにより動いているものを見つけ，それらを紹介
する児童が増えた。

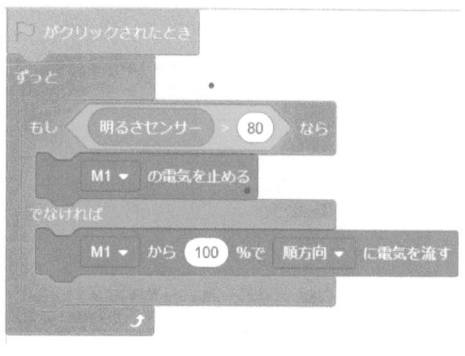

**図4　夜間ライトのプログラム例**

**文献**
1) 文部科学省，STEAM 教育について，教育課程部会資料 5-1，2019（https://www.mext.go.jp/b_menu/shingi/chukyo/chukyo3/004/siryo/__icsFiles/afieldfile/2019/09/11/1420968_5.pdf）
2) 文部科学省，小学校学習指導要領（平成 29 年告示），228，2017（https://www.mext.go.jp/content/1413522_001.pdf）
3) 松尾欣治，内海志典，初等科学における STEM 教育に関する研究：イギリスとアメリカの教材に着目して，岐阜大学教育学部研究報告書，67，71-79，2019
4) ニック・アーノルド，子どもの科学 STEM 体験ブック，誠文堂新光社，2018

## 3.3 | STEAM教育としての放射線教育と小学校での教員研修の実践

堀道雄

### 3.3.1 STEAM教育の観点から見た放射線教育の意義と課題

①放射線教育の背景

　平成23年の東日本大震災における福島第一原子力発電所事故から10年以上経った現在，帰還困難区域が狭まり，復興が進みつつある。しかし，今もなお福島第一原子力発電所事故による廃炉作業は続き，また，福島県内には避難指示区域が設定されている状況にある。

　この未曾有の原子力発電所事故災害から派生した諸課題に対して今後どのように対峙し，持続可能な社会を構築するうえで，「放射線教育」を取り扱うべきか，学校現場では戸惑いながらも検討が重ねられてきた。特に，福島県では上の状況や，風評被害，避難者へのいじめについても対応する必要性から，放射線や防災に関する知識を習得するために，県教育委員会が平成23年度から「放射線教育」に関する指導資料を各学校に配布し，その指導の普及を図ってきた。全国的にも放射線が科学的に正しく理解されることを目的として，文部科学省は放射線教育を推進し，「放射線副読本」を，2回の改訂を経て，全国の小・中学校，高等学校に配布した。この2018年改訂の副読本では復興の状況を示すとともに，風評被害や差別に対して，科学的な理解の必要性が述べられており，小学校段階からの活用が求められている。

　しかし，小学校では放射線教育を指導するにあたり，福島県等の現状を踏まえた問題意識のある先生だけが放射線教育に取り組んでいるという指摘がある。中学校では理科の教育課程の中で指導すべき内容が見られるが，小学校では理科の学習内容としての放射線の取り扱いがなく，また，「放射線副読本」の活用も小学校では約50％という状況である。さらに，文系の専攻分野出身の教員が多く，そのことも，小学校において教員が放射線を取り扱うことへの障壁になっていると考えられる。

　そのような中で，文部科学省は，現代的な諸課題に対して教科等横断的に実施していく必要性を明記している。また，学校安全の一環として，原子力

などの事故災害にも対応できる体制を求めている。以上のことから，小学校教員の指導への課題がある中で，現状に応じた教員研修や教育実践の充実が求められている。そこで，放射線教育を，複雑に関係する現代社会を生きる市民育成のためのSTEAM教育として取り扱うことを検討したい。

②放射線教育を小学校で取り扱う意義

　文部科学省では初等教育段階から放射線教育を行えるように平成23年10月「放射線副読本」を発行し，全国の小学校・中学校・高等学校に配布した。しかし，その副読本は福島第一原子力発電所事故前に検討されていた内容であり，内容も放射線の性質などの理解や現代社会における活用の紹介が中心で，当初から，小学校段階での取り扱いに疑問がもたれていた。また，福島第一原子力発電所事故については触れられていなかったため，この副読本の見直し作業が進められ，平成26年2月に改訂版を発行した。この改訂版は2部構成とされ，第1章に，新たに原子力発電所の事故関連のことが取り上げられ，事故や被害の状況，復興への取り組みが掲載され，第2章に従来の放射線の性質についての内容が記載された。その4年後の平成30年10月には，前回の改訂から復興に向けての状況が変化しているという理由によって，再び改訂された副読本が発行され，配布された。この改訂版では，第1章に放射線の性質についての内容が記載され，第2章に原子力発電所事故関連のことを扱うこととなった。このような経緯で発行された最新の放射線教育副読本（小学校）では冒頭に，「まずは放射線がどういうものか，その性質についてしっかりと理解することが重要です」とあり，放射線の性質を理解することを前提として，放射線との向き合い方を考えるよう示している。ただ，小学校の教育現場においては，放射線の性質を理解している教員が少ないうえに，放射線副読本を使ってどのような指導を行うかといったガイドラインが示されていない。放射線の基礎的な知識や現在の福島の状況がイラストや写真で示されている図表集が文部科学省のWeb上に公開されているが，この図表もどのように活用するかという説明はされていない。

③ ESD，SDGs，STEAM の視点から放射線教育で育成が期待される資質・能力
　放射線教育において児童生徒に育成が期待できる資質・能力を明らかにし，それに向けてどのような指導を行うことができるかを考える必要がある。

　放射線教育は，東日本大震災による福島第一原子力発電所の事故との向き合い方を考えるという面から，防災教育の目標との関連性が高い。文部科学省発行の「『生きる力』を育む学校での安全教育」において，安全教育の目標として防災教育のねらいも含有する形で，次のように記載されている。「ア　様々な自然災害や事件・事故等の危険性，安全で安心な社会づくりの意義を理解し，安全な生活を実現するために必要な知識や技能を身に付けていること。（知識・技能）　イ　自らの安全の状況を適切に評価するとともに，必要な情報を収集し，安全な生活を実現するために何が必要か考え，適切に意思決定し，行動するために必要な力を身に付けていること。（思考力・判断力・表現力等）　ウ　安全に関する様々な課題に関心をもち，主体的に自他の安全な生活を実現しようとしたり，安全で安心な社会づくりに貢献しようとしたりする態度を身に付けていること。（学びに向かう力・人間性等）」となっており，放射線教育においてもここでいう「安全」を放射線防護といった観点から，これらの目標は合致するものがある。

　学習指導要領は，その総則編の巻末に現代的な諸課題に関する教科横断的な教育内容として，「〜に関する教育」というものを 13 種類挙げている。その目的は「生きる力」の育成のために，災害等による困難を乗り越え次代社会を形成することに向けた現代的な諸課題に対応して求められる資質・能力を身に付けることとしている。その中の一つとして挙げられている「放射線に関する教育」は，「放射線に関する科学的な理解や科学的に思考し，情報を正しく理解する力を育成する」としている。また，福島第一原子力発電所立地県である福島県では放射線教育・防災教育指導資料のなかで放射線教育のねらいとして「放射線についての基礎的な知識を活用して，自ら考え，判断し，行動する力を育成する」とし，また放射線教育・防災教育指導資料のなかでその位置づけを「原子力災害を初め，様々な災害の現状，原因等についての理解を深め，的確な思考・判断に基づく適切な意思決定や行動ができ

るようにすることを目的とした防災教育，さらには喫緊の課題に取り組むための道徳教育，人権教育と関連を図った放射線教育」としている。これらを総じて見ると，放射線教育は放射線について科学的に正しく理解したことを基に，思考力・判断力・表現力を育成するということになる。それは，「思慮深い市民として，科学的な考えを持ち，科学に関連する諸問題に関与する能力」と定義される科学的リテラシーを育成することと通じる。

　また，放射線教育は ESD とも関連が深い。東日本大震災を無視して日本の今後の ESD を考えることはできず，その中でも喫緊の課題となる放射線教育を取り扱う必要がある。持続可能な次代の社会の創り手である児童生徒が，福島第一原子力発電所の事故に対してどのように向き合うかという課題について，自分事として捉えていくことが望まれる。そのためには，ESD において求められる力を鑑みる必要がある。ESD で育みたい力としては，日本国内ユネスコ委員会は持続可能な開発に関する価値観（人間の尊重，多様性の尊重，非排他性，機会均等，環境の尊重等），体系的な思考力（問題や現象の背景の理解，多面的かつ総合的なものの見方），代替案の思考力（批判力），データや情報の分析能力，コミュニケーション能力，リーダーシップの向上を示している。これらのことを踏まえて，学習指導要領で述べられている資質・能力の三つの柱（知識・技能，思考力・判断力・表現力等，学びに向かう力・人間性等）を軸にして，放射線教育で育成が期待される資質・能力について図1のように整理をした。また，あわせて放射線教育の土台となる ESD の構成概念とその構成要素の例を挙げ，整理したものを同じ図1に示している。

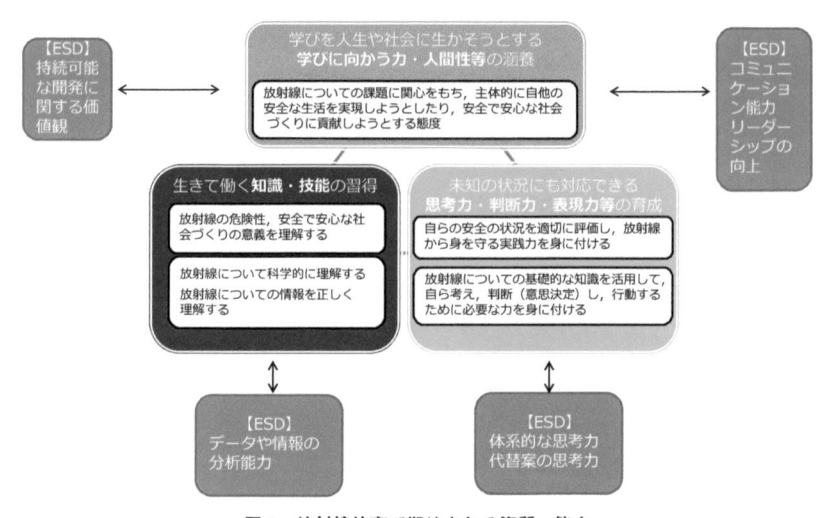

**図1　放射線教育で期待される資質・能力**

　また，2015 年に国連では「持続可能な開発目標（SDGs）」が採択された。
ESD は SDGs の一部として認識されており，SDGs では，教育に取り組むだ
けでなく，教育の質の向上も目指している。SDGs はその到達目標がロゴと
ともに示してあることで，児童生徒や教員にも分かりやすく，ESD の学習
へのきっかけとして適しており，SDGs を取り入れた教育を行っている事例
が数多く挙げられている。例えば，ある小学校ではカリキュラム・マネジメ
ントの視点から「ESD カレンダー」と呼ばれる単元配列表を作成し，それ
を基にそれぞれの教科や単元の学習が SDGs のどの目標に寄与しているかを
示す「SDGs 実践計画表」を教職員が作成し，ESD の推進を行っている。

　放射線教育についても，SDGs との関連を示すことで，実際に指導を行う
際に ESD の視点から何に重点を置いて指導できるかということを把握でき
るものとなる。しかし，SDGs との関連を示した放射線教育の実践事例は見
られない。そこで，実際に，放射線副読本に示されている内容面，また，放
射線教育で育成が期待される資質・能力面で教科等と関係があると捉えられ
るものを挙げて作成した（表1）。この表を見ると，放射線教育は持続可能
な社会の構築に広い範囲にわたり貢献できるものであり，今後 SDGs の各項

目と関連させてカリキュラムを作成してくことが必要である。中でも，理科教育との関連性が高く，改めて科学的リテラシーを育成するためにも，放射線教育は一つの方法となり得ることが期待できる。

　また，STEAM 教育としても，放射線教育を教材例とすることが可能である。令和 3 年 1 月 26 日の文部科学省答申「『令和の日本型学校教育』の構築を目指して」において，STEAM 教育は「各教科での学習を実社会での問題発見・解決にいかしていくための教科横断的な教育」とされ，「STEAM の各分野が複雑に関係する現代社会に生きる市民として必要となる資質・能力の育成を志向する STEAM 教育の側面に着目し，STEAM の A の範囲を芸術，文化のみならず，生活，経済，法律，政治，倫理等を含めた広い範囲（Liberal Arts）で定義し，推進することが重要である」と述べられている。放射線教育は理科教育，防災，放射線防護・廃炉作業に関わる科学技術，科学史，倫理（道徳）等，学校教育で取り扱う範囲は幅広く，各分野が複雑に関係する課題の一つであり，STEAM 教育として取り扱う上で，多様な学習の組み立てが考えられる分野である。

　小学校段階では放射線について直接学ぶ内容はないものの，放射線教育にとって足掛かりとなるような学習は多く考えられる。そこで，一例として表 1 のように小学校段階で放射線教育との関連がある学習内容について，「S」「T」「E」「A」「M」それぞれに分けて 2 例ずつ挙げた。この表を見ると，理科は多くの項目と関連性が深いが，「A」の項目で図画工作科，「M」の項目では家庭科とも結び付けられることが分かる。今後，放射線教育と STEAM 教育の関連性について，カリキュラム・マネジメントの視点から具体的に学習内容を考えていくことが求められている。

表1　STEAM教育で考えられる放射線教育と関連した単元

| Science<br>（科学） | Technology<br>（技術） | Engineering<br>（工学・ものづくり） | Art<br>（リベラルアーツを含む芸術） | Mathematics<br>（数学） |
|---|---|---|---|---|
| 6年理科<br>「人の体のつくりと働き」 | 6年理科<br>「発電と電気の利用」（プログラミング） | 3年理科<br>「電気の通り道」（ものづくり） | 6年図画工作科<br>「名画の鑑賞」 | 5年算数科<br>「単位量あたり・速度」 |
| 人体の内部を知り，被爆したときの体内への影響を考える | プログラミングの技術を廃炉作業用ロボットに生かす | 廃炉作業へのものづくりへの足掛かりとして | 名画の詳細な分析を放射線で行う | 放射線の単位を学ぶための基礎知識として |
| 3年理科<br>「光の性質」 | 5年社会科<br>「情報」 | 4年理科<br>「人の体のつくりと運動」 | 3〜6年道徳<br>「公正，公平，社会正義」 | 6年家庭科<br>「食事の役割と日常の食事の大切さ」 |
| 日光と同じように放射線も直進し，遮ることができるものもある | 情報技術の発展とその利用を考えることを通して正しい情報を得る | 人の骨をレントゲンで見ることを通して，放射線の利用を知る | 倫理的な問題としてのいじめ問題について取り扱う | 食物の放射線量を検査するときに単位を読むこと |

※上段は学年・単元名，下段は放射線教育との関連を示している

④学習指導要領上の取り扱い

　平成20年告示の学習指導要領において，中学校理科では31年ぶりに放射線の取り扱いが復活することになった。第3学年の第1分野「科学技術と人間」の学習において，エネルギー資源を指導する中に「放射線の性質と利用にも触れること」と記載された。ただしこれは事故前であったので，放射線の有効利用に重点を置いた内容であった。

　事故後に改訂された中学校理科学習指導要領では第3学年に加えて，第2学年エネルギー分野「静電気と電流」の学習の中で，真空放電と関連付けて放射線を取り扱うことになった。また第3学年「科学技術と人間」の学習の中においては，放射線を単に取り扱うというだけではなく，「東日本大震災以降，社会において，放射線に対する不安が生じたり，関心が高まったりする中，理科においては，放射線について科学的に理解することが重要であり，放射線に関する学習を通して，生徒たちが自ら思考し，判断する力を育成す

ること」と述べられているように，科学的な理解とともに，学習を通して思考力・判断力という資質・能力を育成するというところにまで触れることとなった。

　一方，小学校理科では現在まで発行された学習指導要領に「放射線」の語句はなく，直接的に取り扱われることはない。ただ，平成29年告示の小学校学習指導要領総則編において，中学校も含めたものとして巻末に現代的な諸課題に関する教科等横断的な教育内容として，「放射線に関する教育」がある。その目的として「放射線に関する科学的な理解や科学的に思考し，情報を正しく理解する力を育成する」としている。こちらも，正しく理解する力の育成が基盤として示されている。この「放射線に関する教育」では，各教科との関連が示されており，中学校では理科での取り扱いが，大きな割合を示しているのに対して，小学校では理科との関連性が示されていない。放射線に関する科学的な理解が必要であるが，学習指導要領の内容において発達の段階に応じて指導するには限界があると言える。

### 3.3.2　放射線教育を主題とした教員研修の実践

①放射線教育に関する教員研修

　都道府県の教育センターによっては，東日本大震災発生後の学校防災に関する教員研修として福島第一原子力発電所の事故に関して，科学技術を社会的文脈において捉えるための理科教育の研修が求められている。

　福島県では，前述のように各校の放射線教育担当者が集まり，域内の放射線教育の課題等を協議する場を設けている。また，福島県教育センターも，指導力向上講座として防災教育とともに，放射線教育に関する研修を設定している。福島県以外の都道府県教育委員会（管下の教育研究所や教育センター）が実施している放射線教育研修の例として，滋賀県では中堅教諭等資質向上研修の中で放射線に関する研修を行っているが，決して多くの都道府県で実施されているというわけではない。多くの都道府県，特に小学校や中学校の理科教育担当者以外の研修ではあまり実施されていないのが現状である。

　ただ，都道府県の教育センターには放射線測定器等の放射線教育に必要な

備品等が整備されており，貸与を行うなどの体制はできている。機材面からは実技を伴う放射線教育の教員研修を行うことは可能である。しかし，実際に行うとなると，放射線に対する科学的な知識が必要であったり，放射線教育の実践経験や知見が求められたりするため，それを指導できる教員が少ない。特に小学校においてはほとんどおらず，このような科学的な専門知識を要する研修については，大学の研究者や外部の機関との連携が必要となる。

　放射線教育に限らず，先端的かつ継続的な教育のためには，優秀な教員の育成が重要である。しかし，小学校においては理科に苦手意識を感じている教員も多く，繰り返すが放射線教育における科学的な知識を有しながら児童や他の教員に対して指導できる教員は少ない。それでも，放射線教育はESD・SDGsの観点から，また科学的リテラシーの育成という面からも，小学校段階から系統的に行っていくことが求められる。一方，小学校では，一人の学級担任が同じ児童に対して様々な教科を指導するためカリキュラム・マネジメントの視点から，理科だけでなく他教科との関連性も考えながら指導を行うことができる。その小学校教員の強みを生かして，STEAM教育も視野に入れて指導して進める意義がある。令和2年度から完全実施された新学習指導要領における「主体的・対話的・深い学び」の視点からの授業改善という命題に対しても，放射線教育は習得・活用・探究という学びの過程の充実に応えるものとして適していると考える。

②教員研修プログラムの設定
　以上のような背景を基に，教員研修プログラムを実施した。教員研修の視点は以下の通りである。
(1) 放射線教育を実施することの意義（正しい知識の必要性，いじめ・風評被害への対応，理科などの教科との関連性など）を認識する
(2) 放射線に関する基礎的な知識（自然放射線の存在，放射線の量の測定，放射線の遮蔽）について，実験・観察を通して習得する
(3) 福島県の実態を知り，UPZ圏内（Urgent Protective Action Zone：緊急防護措置を準備する区域，原子力災害時に，屋内退避，避難等緊急防護措置を行う区域。原発から約5～30 km圏）など居住する地域の実態と照

らし合わせて考える

③教員研修の実践

1. 講義

　小学校教員が放射線教育の意義を理解することを目的として，大学教員による講義を行った。まず，今日，放射線教育が求められる背景について整理した。国内外の課題を踏まえ，学習指導要領において学校教育に求められる具体的な取り組みとして，放射線教育に期待されることが示された。特に，絶対的な正解のない問題に対して能動的に自ら課題解決に取り組む教育活動としての放射線教育の活用が強調された。また，福島県内やその他の県で放射線教育がどのように実践されているか，具体的な事例も紹介し，教師が身に付けるべき知識など，実践に向けての方向性も示した。最後に，放射線教育の取り扱いや課題として，子供・地域・保護者への教育・啓発の重要性，身に付けるべき資質・能力との関連，そして放射線教育を防災教育などと関連させることの大切さについて示した。

図2　放射線教育についての講義の様子

2. 実技・演習

　教員自身が放射線についての基礎的な知識・技能を習得することを目的として，外部講師を招聘し実技・演習を行った。実技の内容としては，まず放射線についての簡易霧箱実験装置で実際に放射線が飛ぶ様子を観察した。そ

の後，放射線についての基礎的な知識（放射線の特徴，自然放射線の存在，放射性物質・放射能・放射線の違い，半減期等）について，文部科学省が発行する「放射線副読本」に沿って説明が行われた。演習では，ケーススタディとして，東日本大震災後に放射線に関わって起こりえた事例について，自分ならどうするという意見を持ち，ディスカッションするグループワークを行った。これらの研修では実技・演習とともにグループどうしでの対話を重視し，お互いの意見交流を促進しながら進行した。

図3　実技（霧箱実験）の様子

図4　演習（ケーススタディ）の様子

3. 現地視察の報告

　福島県の実態を知り，地域の実態と照らし合わせて考えることを目的として，研修担当者である筆者の一人が福島県飯舘村と福島第一原子力発電所の現状を写真とともに紹介し，研修報告を行った。

　福島県飯舘村の実地見学の報告では，2011年3月11日以来使われなくなっ

た小学校や新しく建設された小・中学校の様子など震災後の現状と復興への歩みをあわせて紹介した。また，福島第一原子力発電所の現状については，原子炉建屋のがれきが残っている様子やトリチウムが残った汚染水処理用のタンクが並んでいる様子を紹介し，廃炉に向けた作業の過程を紹介した。

**図5　現地視察の報告の様子**

### 3.3.3　まとめと今後の展望

　放射線教育は小学校で取り扱うためにはカリキュラム上の問題点や教員における事情など，放射線教育を推進するうえでの課題は山積している。しかし，学習指導要領解説総則編にも現代的な諸課題に関する教科横断的な教育内容として取り上げられ，今後 SDGs に寄与するものであり，ESD として放射線教育を実施する意義は大きい。さらには，STEAM 教育の一つの要素として活用することができ，新たな展開を期待できるものになっている。

　実施した教員研修の中で，放射線教育が防災教育の一つとしてだけでなく，今を生きる子供たちに身に付けさせるべき資質・能力を育成させる教育として，受講した教員が感じ取ることができたのは成果であった。

　東日本大震災から 10 年以上過ぎた今，震災の風化を防ぐだけでなく，児童生徒の資質能力を育成する観点からも，防災教育とセットで今後どのように放射線教育を推進していくか，教員研修と児童への実践を往還させながら考えていきたい。

**文献**

1) 文部科学省，第2次学校安全の推進に関する計画，2017
2) 文部科学省，小学生のための放射線副読本〜放射線について学ぼう〜，2018
3) 文部科学省，中学生のための放射線副読本〜放射線について学ぼう〜，2018
4) 文部科学省，学校安全資料「生きる力」を育む学校での安全教育，東京書籍，76-79，2019
5) 文部科学省，放射線教育の実施状況調査の結果について，2020（https://www.mext.go.jp/b_menu/houdou/mext_00175.html）
6) 堀道雄・藤岡達也，現代的教育課題の取組を進めるための教員研修の構築に関する考察—東日本大震災以降の放射線教育実践に向けての試みから—，理科教育学研究，第61巻3号，489-496，2020
7) 村井健志，放射線教育の現状と放射線に関する意識調査，INSS JOURNAL，Vol.20，31，2013

## 3.4 自然の恩恵と災害を取り扱ったSTEAM教育プログラム―滋賀県信楽地域の地学的特色を題材として

### 3.4.1 地域の自然の二面性を取り扱った STEAM 教育の開発

　持続可能な開発目標（SDGs）が注目される昨今，ESD（持続可能な開発のための教育）の具体的な取り組みとして，学校では新たな教材の開発が期待されている。その際，自然や科学技術の恩恵・災害の二面性（藤岡，2008）を意識し，探究的・総合的な理工系教育として注目されるSTEM教育との関連を重視することも考えられる。また，人間生活や文化的な営みとの関わり等を踏まえ，Arts（芸術，感性，リベラルアーツ等）の視点も大切である。すなわち，STEAM教育の視点を取り入れたESD教材の開発を通して新たな教育の構築を図りたい。

　中央教育審議会（2021）では，高等学校においてSTEAM教育の推進に取り組むことが示された。期待される理科の資質・能力（STEMリテラシー等）の育成には，小・中学校段階から系統的な取り組みが必要であり，能動的な学びには地域に根差した教育活動も重要である（藤岡ら，2020）。現在，義務教育段階におけるSTEAM教育の導入例は多いとは言えず，基礎スキルの系統的育成に向けた教材開発も「令和の日本型学校教育」に向けて取り組みたい課題の一つである。

　滋賀県信楽地域では，小学校で社会科副読本「わたしたちの甲賀市」（甲賀市小学校社会科副読本編集委員会，2017）を活用した授業実践が行われている。これは，社会科を中心として，信楽地域の産業や課題を知ることで地域への愛着や持続可能な地域社会を目指す態度の育成をねらいとしており，SDGs・ESDの取り組みに通ずる点も多い。ここでは，当地域の代表的な産業として，日本六古窯の一つである「信楽焼」が取り上げられている。また，多羅尾大水害や日本初の特別警報が発表された平成25年台風18号による被害（以下，「平成25年台風18号被害」）といった大規模な風水害の歴史も取り扱われる。これらは，当地域の地質的な特色による恵みと災害の二面性として捉えることができる。しかし，自然の二面性を取り扱う理科教育や，教

科等横断的な STEAM 教育（STS 教育や E-STEM 教育も含む）等の視点から教材化されている例は少ない。

そこで，本節では信楽地域の自然環境の特色による「自然の二面性」を主題とし，ESD を見据えた STEAM 教育プログラム開発に向けた地域素材の分析と教材化の視点について述べる。

### 3.4.2　理科教育を中心とした STEAM 教育の展開

中学校理科では，第１学年で「大地の成り立ちと変化」，第２学年で「気象とその変化」，第３学年で「自然と人間」を学習する（文部科学省，2018）。「大地の成り立ちと変化」では，地層の重なり（風化作用，断層などを含む）や花こう岩などの火成岩が学習内容に含まれる。「気象とその変化」では，台風や集中豪雨などによる気象災害を調べる学習を行う。その際，データサイエンスによる気象予測，警報の発表，避難指示等の根拠となる数値情報の取り扱いも含まれる。「自然と人間」では，地域の自然災害を調べさせたり，自然環境の保全等について科学的に考察し，持続可能な社会づくりの重要性を認識させたりする。これらの単元では，自然の恵みと災害を取り扱うことが大切であり，信楽地域の特色を共通の題材とすることで単元・学年を通して系統的に「自然の二面性」への認識を深めさせることが可能である（図1）。

信楽地域の地質的な特色は信楽焼を中心とする地域産業の発展に大きく関わってきた（図2）。特に信楽地域に存在する良質な粘土は信楽焼の原料として利用されており，芸術の分野との関わりが深い。一方で，風化花こう岩による地質は土砂災害などを引き起こす要因ともなっている。また，信楽焼の原料として鉱物資源を採掘し続けた結果として資源の枯渇や，はげ山化の進行によって土砂災害のリスクが高くなっているという人間活動の影響もある。

このような信楽地域の地質的な特色による二面性は，主に理科教育の中で取り扱うことが考えられる。恵みの側面は陶芸（芸術）との関連も深い。他方，風水害に対する防災・減災としては，工学・技術に加え，数学的手法による気象データの解析も含まれる。さらに持続可能な地域社会のデザインに

おいては，科学・技術・社会相互関連（STS）やリベラルアーツの視点が必要である。

　以上のように，信楽地域を題材とする ESD 教材の開発においては，理科教育を中心として技術，工学，芸術・リベラルアーツ，数学等の各領域を関連付けた STEAM 教育の視点を活かした展開が期待できる。

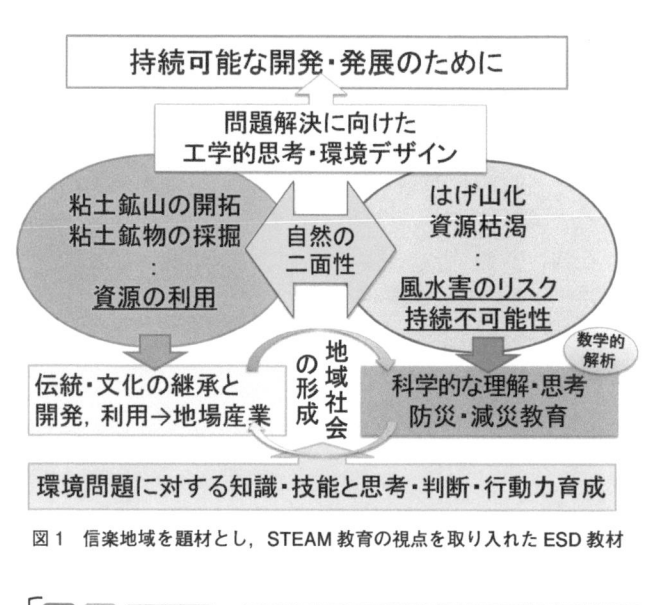

図1　信楽地域を題材とし，STEAM 教育の視点を取り入れた ESD 教材

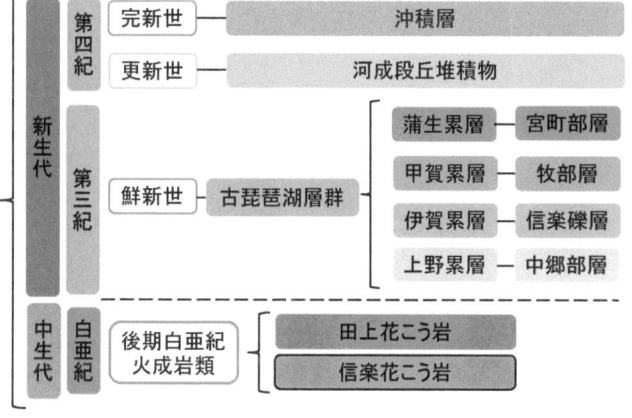

図2　信楽地域の地質系統（中野ら，2003 をもとに作成）

### 3.4.3　理科で扱う滋賀県信楽地域の地質的な特色

　信楽地域北部には田上花こう岩体（山陽帯・山陰帯花こう岩類），南部には信楽花こう岩体（領家帯花こう岩類）が分布している。田上花こう岩体の東側は，新第三紀〜第四紀の古琵琶湖層群に覆われている。信楽地域の花こう岩類はアルカリ長石を含んでおり，ペグマタイトが見られることもある。断層・節理で熱水変質作用を受けた部位には長石・アプライト鉱床ができていることがあり，当地域特有の良質な長石質資源として陶磁器の素地や釉薬などに利用されてきた（中野ら，2003）。

　図3左は，信楽花こう岩帯の露頭である。風化の影響から表面はもろく，軽くたたくだけで表面を簡単に剥離することができる，オニオン・ストラクチャー（たまねぎ状風化）となっている。また，写真下部では，花こう岩が真砂化している様子が見られる。真砂を拡大すると石英が多くを占めており（図3右），風化によって長石類が減少したことがわかる。図4左は，田上花こう岩が表出している露頭である。信楽花こう岩帯と同様，表面はもろくて

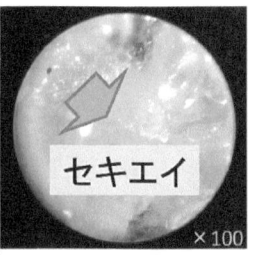

**図3　信楽花こう岩帯の露頭（左）と真砂の顕微鏡写真（右）**

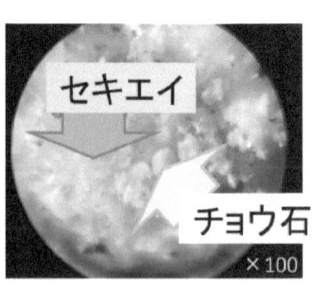

**図4　田上花こう岩帯の露頭（左）と真砂の顕微鏡写真（右）**

剥離しやすく，崖面の一部で花こう岩が真砂化している部位が見られた。このように，信楽地域の花こう岩類は，花こう岩風化による影響を受けていることが確認できる。

　古琵琶湖層群は，侵食・風化作用によって形成された砕屑物などが，運搬され，河川，湖，海などの水域に堆積したものである。信楽地域では古琵琶湖層群に沿ってカオリン質の耐火粘土（木節粘土・蛙目粘土<ruby>蛙目粘土<rt>がいろめ</rt></ruby>）の鉱床が分布しており（図5），蛙目粘土は信楽焼の原料粘土として利用されてきた。

　陶磁器の焼き上がりは耐火粘土中の成分に依存しており，その地域特有の粘土の使用や，地域特有の方法（技術）での焼成を行うことにより，特徴的な焼き物づくりが可能となる。花こう岩風化により良質な鉱物資源が採掘できることは，信楽地域特有の地質による「自然の恵み」の側面として捉えることができる。

### 3.4.4　滋賀県信楽地域における風水害

　一方，信楽地域の地質的な特徴は，花こう岩の風化，侵食により，自然災害の要因となっているという側面もある。当地域のような風化花こう岩地帯では台風や集中豪雨等の気象災害時に土砂災害などが発生しやすくなっている（藤岡，2019）。また，古琵琶湖層群では薄い粘土層が挟まれており（図5），

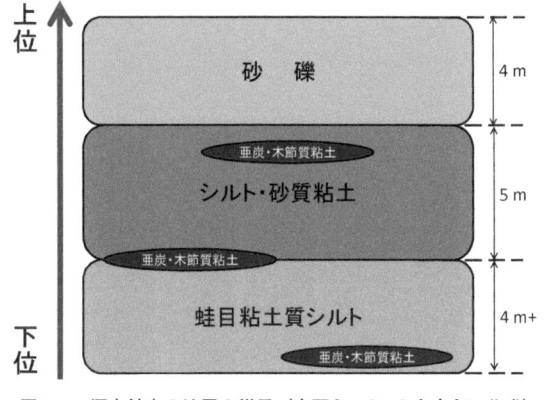

図5　三郷山鉱山の地層の様子（中野ら，2003をもとに作成）

台風や集中豪雨により雨水が地下に浸透する場合にはこれが「すべり面粘土」となり、土砂災害へと発展することがある。信楽地域における大規模な風水害として、昭和28（1953）年の多羅尾大水害は古くより言い伝えられてきた。また、平成25年台風18号被害が発生し、「特別警報」の運用が開始されて以来、日本初の「大雨特別警報」が発表されたことから、全国的にも注目を浴びた。ここでは、これら二つの風水害について紹介する。

①多羅尾大水害

　1953（昭和28）年8月15日、信楽町多羅尾地区は京都府湯舟村から鈴鹿山脈に沿って降った集中豪雨により、大規模な風水害の被害を受けた。多羅尾大水害からの復興5周年の際に建立された「昭和水難之碑」の碑文には、「昭和二十八年八月十五日拂暁多羅尾地区を襲った豪雨は激烈な雷鳴を伴い、数時にして四百粍（ミリ）を超す雨量をもたらし、加うるに山地は崩壊して山津波は各所に起り、終に死者四十四名、重軽傷者百三十名、家屋の全壊四十戸、半壊損傷無数、田畑、道路殆ど壊滅、其の惨状筆舌に尽し難し、今や復興なるに際し、当時を偲び記念の碑を建てて後昆に伝える」と記されている。

　大戸川上流の風化花こう岩帯には粘土鉱物の採掘場があり、土砂災害が引き起こされやすくなっている。当時も、集中豪雨を受けて山の斜面が崩落し、河川がせき止められたり、用水路のつまりから浸水被害へとつながったりといった被害が見られた。また、下流においても護岸の決壊や浸水が起こった。

　人々は混乱しながらも高台の家などに避難したが、住民の予想を超える浸水や土石流のために、避難先にも土砂が流れ込むなどの被害があった。救助活動においても、浸水や土石流により道路が使えないことに加え、電話が通じないこともあり、行政も対応に困惑していたことが記録されている。当時の村長が村民に出した告示では、多羅尾大水害を「未曾有の出来事」としており、災害の規模が想定外であったことを伝えている（滋賀県信楽町多羅尾区，1989）。

　復興では、地元や他地域のボランティアを中心に流れた橋の管理や廃材の処理、堆積した土砂の撤去作業などが行われた。また、土地改良も行われ、大戸川には新しい堤防づくりや護岸整備が行われ、山間部には堰堤が作られ

た。

表1　多羅尾大水害が発生するまで（滋賀県信楽町多羅尾区（1989）をもとに作成）

| 日付 | 時刻 | 出来事 |
|---|---|---|
| 昭和 28 年 8 月 14 日以前 | | 雨天の日が続く |
| 昭和 28 年 8 月 14 日 | 夕方 | 雨が降り始める |
| | 午後 11 時頃 | 夕立のような大雨 |
| 昭和 28 年 8 月 15 日 | ～午前 4 時半頃 | 大変な大雨が続く |
| | 午前 5 時 | 山津波が発生 |

②平成 25 年台風 18 号被害

　平成 25 年台風 18 号は，9 月 13 日に発生し，前線や湿った空気の影響も受けて四国から北海道までの広範囲で大雨をもたらした。特に，近畿地方や東海地方では総雨量が 400 mm を超え，月降水量平年値の 2 倍を超えた地域もある。滋賀県，京都府，福井県では記録的な大雨となり，大雨特別警報の発表に至った（表2）。滋賀県信楽地域も例外ではなく，大規模な降雨が見られた（表3，図6，図7）。本台風において，当地域では短時間で大規模な降雨であったことが特徴的であり，河川の増水や浸水被害，土砂災害などによる被害を深刻化させたと考えられる。

表2　平成 25 年台風 18 号通過時の甲賀市における気象情報・警報等
（「甲賀市における台風第 18 号被害と対応について【報告書】」より）

| 年月日 | 時刻 | 気象情報・警報 |
|---|---|---|
| 平成 25 年 9 月 15 日 | 18:48 | 大雨警報発表 |
| | 21:13 | 洪水警報発表 |
| | 21:20 | 土砂災害警戒情報発表 |
| 平成 25 年 9 月 16 日 | 5:05 | 大雨特別警報発表 |
| | 11:30 | 大雨特別警報解除 |
| | 13:30 | 土砂災害警戒情報解除 |
| | 16:13 | 大雨警報解除，洪水警報解除 |

　大戸川流域では広い範囲で浸水が見られた他，護岸や堤防上の道路が崩壊するといった被害が発生した（図8，図9）。山地部では土石流を始めとする

土砂災害が多発した。ここで侵食された土砂が大戸川下流において堆積し，平野部における浸水被害等がより一層深刻になったとも考えられる。土砂災害の発生には，急な斜面が多いという地形的な要因の他に，かつて長石の採掘場であった場所が複数あり，風化やはげ山化により土砂崩れが起こりやすくなっていたことも関連している。

表3　9月15日0時〜16日16時までの雨量情報と1月あたりの平年値（9月）
（「甲賀市における台風第18号被害と対応について【報告書】」より）

| 観測点 | 総雨量 [mm] | 時間最大雨量 [mm] |
|---|---|---|
| 神山 | 354 | 46 |
| 田代 | 391 | 40 |
| 五本松 | 362 | 47 |
| 宮尻 | 333 | 38 |
| 平年雨量（9月） | 168.4 | 52.5 |

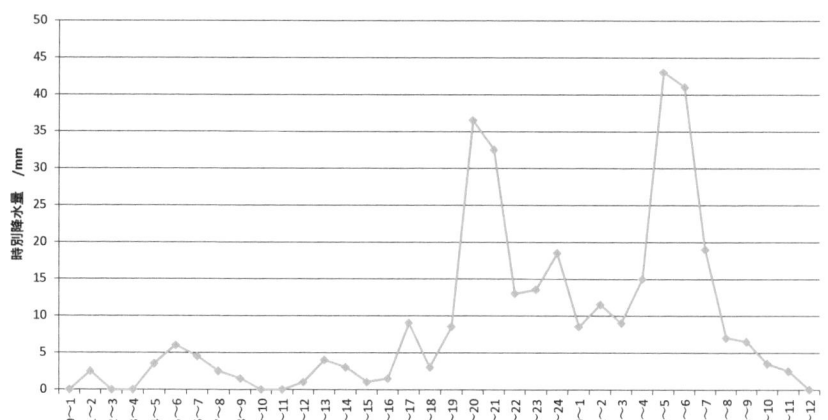

図6　信楽における9月15日0時から16日12時までの雨量の時間変化（気象庁 Web ページのデータをもとに作成）

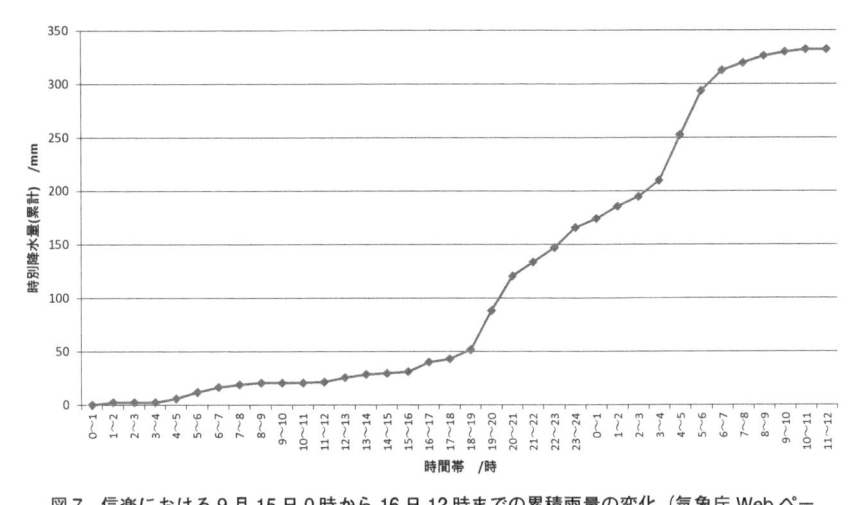

図7 信楽における9月15日0時から16日12時までの累積雨量の変化（気象庁 Web ペー
　　 ジのデータをもとに作成）

図8 大戸川の増水による浸水被害　　　　図9 大戸川沿岸における国道の陥没

### 3.4.5 STEAM 構想とカリキュラム開発

　信楽地域の特色と災害史は「STEAM」の視点から捉えることができ，
SDGs・ESD に関わるトピックを主題とした探究的・総合的な教材として学
習プログラムの構想が可能である。

　STEAM 教材開発の手法として T-SM-E 法がある（斎藤，2017）。これは，
教材づくりにおいて Technology の領域から着手し，次に Science & Math，
最後に Engineering へと段階的に構築していくことで領域・教科等の統合化
を図るというものである。ここでは，芸術やリベラルアーツ（Arts）の視

点も取り入れ，以下のように STEAM 学習プログラムの構想を整理した。

① Technology & Arts（芸術）

　ここでは，科学と工学を活用して作られる製品やアイデアの例として，「信楽焼」を取り上げる。信楽焼は，伝統ある工芸品として長らく人々に親しまれてきた。このような陶芸は，芸術としてだけではなく，生活の中で生かされてきた技術としても捉えられる。例えば美術科の中で造形的な見方・考え方を働かせて表現や鑑賞を行うといった学習活動や，技術・家庭科の中で材料と加工の技術の一例として陶磁器の性質を取り扱うことが考えられる。

　また，この地域の小学校では，社会科の授業の中で「信楽焼」などの伝統・文化が滋賀県の特色の一つであり，その伝統的な技術は先人によって受け継がれてきたこと，また信楽焼を活かしたまちづくりや新製品の開発が行われていることを学習している。本プログラムの導入において既習事項や日常生活，地域の特色等を関連付けて展開したい。

② Science & Math

　ここでは，自然の事物・現象による恵みと災害（自然の二面性）を中心として展開する。

　「大地の成り立ちと変化」では，地層のでき方や火成岩について取り扱う。地層のでき方では，風化花こう岩や古琵琶湖層群の形成と特徴に触れ，粘土層から信楽焼の原料粘土が採れる一方で土砂災害のリスクにつながることに気づかせる。また，火成岩の発展的な内容として，「風化花こう岩中の成分（鉱物）によって信楽焼の釉薬などの原料が得られること」を取り扱える。また，風化花こう岩地帯では土砂災害の危険性が高まることにも触れ，災害への理解を深める。この単元では，実際に露頭で野外観察を行うことも考えられる。また，露頭や地形の様子，鉱山などにおける露天採掘の状況を概観させるための手法として，航空写真やストリートビューなどの ICT も活用したい。

　「気象とその変化」では，集中豪雨が発生するメカニズムや，豪雨が風水害となる仕組みの理解を取り扱う。特に，台風などの気象災害の取り扱いにあたっては，記録や資料などを用いた調べ学習を行うことが効果的であり，降水量などの気象データを統計処理するなどして特徴を見いだす活動が考え

られる。平成25年台風18号を例に，表計算ソフト等を活用し，降雨量の規模の大きさや大雨特別警報の発表に至った判断基準などについて議論させたい。

「自然と人間」では，上記の単元での学習のまとめとして，信楽地域の自然の特色による恵みと災害（自然の二面性）への認識を科学的に深めさせる。また，ハザードマップなどを用いて防災・減災の方法を科学的に考察させる活動も重要である。

③ Engineering & Arts（リベラルアーツ）

学習者が最終的に取り組む問題として，信楽地域における持続可能な社会づくりに向けた課題を設定する。特に，本教材では自然の二面性を踏まえ，持続可能な開発・発展と，自然災害への防災・減災・復興について取り扱う。その際，社会科の学習とも関連付け，信楽地域を地理的な視点から捉えて問題を見いださせ，持続可能な開発の視点から考え得る具体的な方策を計画し，議論を通して実践可能な解決策を導かせる。

技術・家庭科や保健・体育科等との関連も欠かせない。例えば，社会科公民分野の「植林による治水・治山事業」と技術分野の「生物育成の技術の最適化」の視点を活かした問題解決を通して，人間生活や自然環境の保全活動の意義について学習させる。また，防災・減災教育における「自助・公助・共助」の観点から，家庭分野の自然災害に備える方法について調べる活動や，保健の「自然災害による傷害の防止」や「応急手当の意義と実際」等の学習との関連性も深い。

実践的な防災教育として，避難訓練やハザードマップづくりといった学習活動も検討したい。避難訓練は，避難行動や災害発生時の被害を想定させる際に各教科等での学習と関連付けが行える。ハザードマップは，理科，社会科，技術・家庭科等の中で共通して取り扱われる教材である。そのため，ハザードマップを共通の教材として各教科等の見方・考え方を活かして総合的・多角的に議論させることが可能である。

本学習プログラムの展開においては，各教科等の学習内容の関連性や，共通する教材をもとにした「横のつながり」と，各教科等における教育課程や発達段階を考慮して3年間の学習を計画する「縦のつながり」の両視点から

のカリキュラム・マネジメントが必要である。信楽地域を共通の題材として
STEAM教材の開発と実践を図ることで、教科横断的・領域統合的かつ系統
的に、探究的な学習の展開を求めたい。

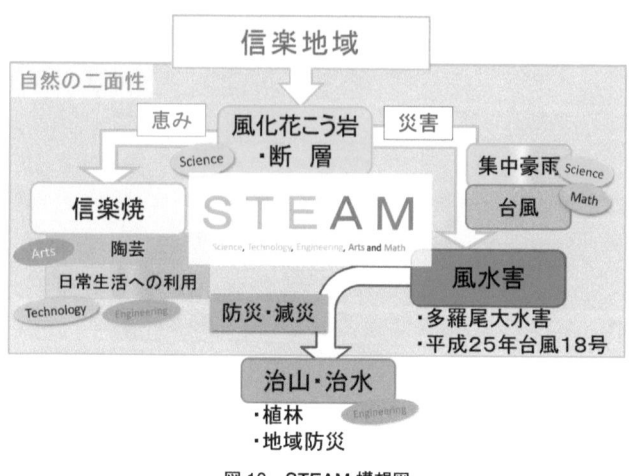

図10　STEAM 構想図

**文献**
1) 藤岡達也，環境教育と地域観光資源，学文社，1-9，2008
2) 中央教育審議会，「令和の日本型学校教育」の構築を目指して～全ての子供たちの可能性を引き出す，個別最適な学びと，協働的な学びの実現～，2021
3) 藤岡達也，堀道雄，桑原康一，手島剛也，秀熊宏弥，琵琶湖およびその周辺環境等，滋賀県におけるジオパーク構想の構築と教材開発，滋賀大学環境総合研究センター研究年報，第17巻，第1号，53-56，2020
4) 甲賀市小学校社会科副読本編集委員会，わたしたちの甲賀市，甲賀市教育委員会，2017
5) 文部科学省，中学校学習指導要領（平成29年告示）解説　理科編，2018
6) 中野聰志，川辺孝幸，原山智，水野清秀，高木哲一，小村良二，木村克己，水口地域の地質，第7章応用地質，地域地質研究報告（5万分の1地質図幅），産総研地質調査センター，57-70，2003
7) 藤岡達也，絵でわかる日本列島の地形・地質・岩石，講談社，20-30，2019
8) 滋賀県信楽町多羅尾区編，多羅尾村昭和大水害誌，信楽町多羅尾区，1989
9) 斎藤智樹，STEM教育の理論とそこへつながる統合的アプローチに関する歴史的研究，JST次世代科学者育成プログラム静岡STEMジュニアプロジェクト研究成果報告書，35-46，2017

**学習目標** 信楽地域の特色による自然の二面性に気付き，信楽における持続可能な地域社会づくりの取り組みや方法を科学的に考え，デザインできる。

**学習課題** 信楽で，風水害のリスクを軽減させるとともに，資源を枯渇させずに地場産業を発展させるにはどのような取組が必要か？

既習内容とのつながり：
・信楽焼と地域産業【生活科、社会科】
・流れる水の働きと土地の変化【理科】

*Technology & Arts*

1. 陶芸及び「材料と加工の技術」としての「信楽焼」
【美術科、技術・家庭科】

*Science & Math*

2. 大地の成り立ちと変化【理科】
　地層の重なり　　火成岩

航空写真、パノラマ写真

3. 気象とその変化【理科】【数学科】
　集中豪雨・台風　　データの活用

降水量の統計処理

4. 自然と人間【理科】
　信楽の自然の二面性

ハザードマップ

ICT活用

*Engineering & Liberal Arts*

5. 植林による治水・治山事業【社会科・公民】
生物育成の技術【技術・家庭科】
防災・減災【技術・家庭科】【保健・体育科】など

**発展課題** 信楽におけるSDGsに向けた取り組みを具体的に企画・立案して地域の住民や企業にプレゼンテーションしよう。

## 3.5 多様化する高等学校に対応するSTEAM教育

藤岡達也

### 3.5.1 専門高校から SSH までの変革の期待

現在の日本の高等学校において STEAM 教育の先端的な取り組みや展開は，様々なところで見られる。その代表的な一つは SSH（スーパーサイエンスハイスクール）等の課題研究の成果と言っても良い。確かに，野球やサッカー，ラグビーなど新聞社等が主催している全国レベルのスポーツの大会は，マスコミ等を通して注目されており，将来の国内のプロだけでなく，世界で活躍できる人材すら期待されている。それらと比べ，文化系の高校レベルでの取り組みは，吹奏楽部等の演奏形式以外のものは，あまり取り上げられることがない。

一般の人たちには紹介されることは少ないとしても，SSH の取り組みには，これが高校生の研究かと思えるほどの高いレベルの研究も多い（実際，海外の著名な学会誌に掲載された論文もある）。一方で，SSH に指定される高校は，いわゆる進学校が多く，もともと優秀な生徒が，取り組んでいるのであるから，STEAM 的にも最先端の取り組みがあっても当然と思う人がいるかもしれない。ただ，SSH 指定校に要求されるのは，理系への大学進学実績だけではない。その先の，より将来の人材の育成に目が向けられている。

さらに教育課程の中で，先端の科学技術を取り入れた教育活動に取り組む高校は SSH 指定校だけではない。むしろ，現代社会と直接結び付く，次世代の産業の担い手づくり，具体的には技術，工学に関する人材育成機関として，工業，農林業，水産業など職業教育を主とする学科を設置している高等学校（専門高校）にも注目したい。

### 3.5.2 SSH とは何か

SSH は 2002（平成14）年に，文部科学省によって，将来の国際的な科学技術関係人材を育成するため，先進的な理数教育を実施する高等学校等をスーパーサイエンスハイスクール（SSH）として指定され，学習指導要領によらないカリキュラムの開発・実践や課題研究の推進，観察・実験等を通じ

た体験的・問題解決的な学習等を支援することを目的として設定された。令和3（2021）年度では，SSH指定校は218校あり，内訳は国立が9校（指定率47.4%），公立が187校（同5.5%），私立が22校（同1.6%）である。高等学校数（全日制）は4758校であるため，全体の指定率は4.6%となっているが，当面の目標としては250校の指定，指定率は5%とされている。

SSH指定校の認定数の推移を図1に示す。

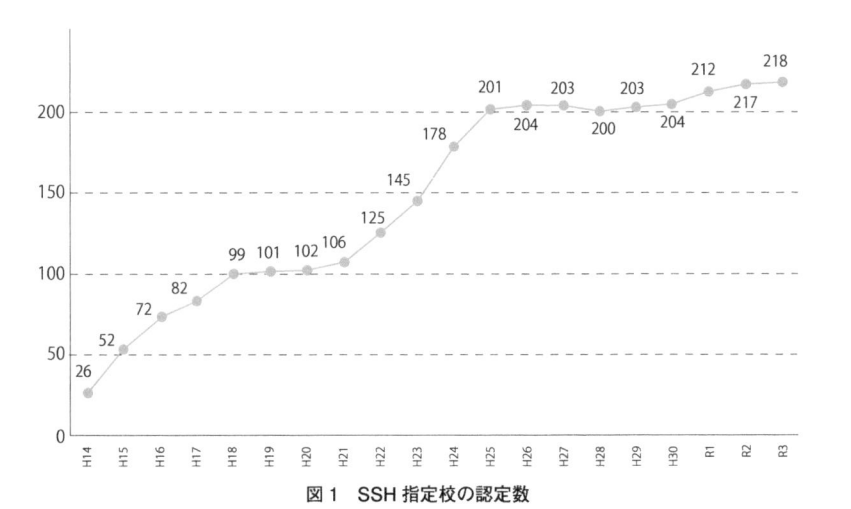

図1　SSH指定校の認定数

歴史的に見れば，2002年の自民党政権下で始まったが，政権が交代しても，再び政権が戻ってもSSHの評価は揺るぎなく，現在まで継続されている。文科省の事業で20年以上継続されていること自体が讃嘆に値する。一方で，文科省としても，SSH事業の今後の在り方について検討されるようになった。例えば，SSH事業の今後の方向性等に関する有識者会議を設置したのが，その典型的な例であり，2018（平成30）年9月に報告書がとりまとめられた。さらに，2020（令和2）年12月に第2次報告書に向けた論点整理，2021（令和3）年7月には，第2次報告書が公表されている。それらの内容を基にSSH指定校に期待される役割を以下に整理する。

STEAM教育推進のために，課題研究などSSH指定校で行われている問

題発見・解決的な学習の充実が求められていることを踏まえて，SSH 指定校に期待される役割として次の三つが示されている。まずは，将来，国際的に活躍しうる科学技術人材の育成である。これには，（1）生徒の科学技術人材としての資質・能力を育成する，（2）理数系以外の教科への展開，（3）教師等の資質・能力の向上，（4）生徒の国際性の育成，（5）女子生徒への理数系教育の推進，が挙げられている。次に地域における科学技術人材ネットワーク拠点の形成である。これには，（1）地域における理数系教育の拠点としてのネットワーク形成，（2）共同課題研究の連携拠点としてのネットワーク形成，（3）ポストコロナを見据えたオンラインによる定常的な連携，が期待されている。最後は成果の普及・啓発の取り組みについてである。

　指定期間は 5 年であるが，一度指定されると継続的に取り組みが進められることがある。最初に認定されたのを I 期とすると，その次からは II，III，IV 期となる。II 期目では，I 期目からの取り組みを踏まえ，他教科を含めた学校全体として組織的に研究開発等に取り組む体制等を構築することが求められる。III 期では，I・II 期までの取り組みをベースとしながら，自らの強みや，教科間連携，学校全体での組織的な指導体制等を確立した上で，一段高い研究開発を行い，域内における科学技術人材育成の取り組みを促進することとなる。IV 期では，III 期までの取り組みを基にして，域内外に波及するような取り組みを確立するとともに，これまで築いてきた強みを恒常化する。現在，最高で第 V 期目となる高校が存在する。V 期目は，IV 期までとは異なる枠組みであり，指定校は科学技術人材育成におけるシステム上の課題を自ら設定し，当該課題に挑戦する意欲的な研究開発を実施することで科学技術人材育成システム改革を先導することが期待されている。つまり，III 期，V 期目で大きな展開となることが求められる。

　他国においても高校生の自然科学や科学技術を支援するスポンサーは少なくなく，高校生等を対象とした科学技術に関するイベントやコンクールも実施されている。しかし，それらは，日本のスポーツの大会と同様に，民間企業等が主催者となっている。日本のように文科省や国立研究開発法人科学技術振興機構（略称 JST）が主催となったイベント，つまり国が全面的に支援を行って実施している例は国際的にもほとんど見られない。

### 3.5.3　SSH の具体的な研究内容と生徒研究発表会

　研究の具体的な内容については，SSH 実践事例集にも示され，Web サイトを通して公開されている。これらの内容は高等学校等における探究的な学びの実践に幅広く資するとともに，相互に参考にすることにより各 SSH 指定校の取り組みがより一層改善されるよう，SSH 指定校の特色ある取り組みの一端を紹介するためとされている。現在の Web サイトは平成 27 ～ 29 年度に指定が開始された SSH 指定校の中から，中間評価を参考にいくつかの学校を抽出し，作成されたものをとりまとめたものである。さらに各事例の詳細については，各学校の Web ページ上の研究開発実施報告書等で参照できるようになっている。

　生徒研究発表は各学校でも地域等に根差した発表も行われているが，年に1 度全国から SSH 校が一堂に会して研究発表大会が実施されている。以前はパシフィコ横浜（横浜国際平和会議場），近年では神戸国際展示場のような高校生にとって大きな舞台が準備され，そこで開催されている（2020 年度はコロナ禍のため，オンラインのみで実施された）。近年の研究発表大会では，まず，全参加校がポスターで発表し，審査員によって領域ごとの代表校が選出される。その代表校が全体会場で発表し，文科大臣賞，JST 理事長賞，審査委員長賞が選ばれる。また，ポスター賞や生徒間選出賞なども準備されている。コロナ禍での経験を基に，今後はハイブリッド等でより多くの生徒が発表等を見学できる機会が期待される。図 2 は令和 3 年度の様子である。

**図 2　SSH 生徒研究発表会の様子**

表1 近年の受賞校と研究テーマ

| 年度 | 受賞名 | 発表テーマ | 学校名 | 領域 |
|---|---|---|---|---|
| 2023年<br>(令和5) | 文部科学大臣<br>表彰 | 水に吸着することで撥水するオオサンショウモの不思議な仕組み | 横浜市立横浜サイエンスフロンティア高等学校 | 生物 |
| | 科学技術振興<br>機構理事長賞 | α位を置換したジベンゾイルメタンフッ化ホウ素錯体の新規合成と物性評価 | 長野県諏訪清陵高等学校・附属中学校 | 化学 |
| | | TERASU MAP ～視覚障害者の方の危険箇所マッピング～ | 群馬県立高崎高等学校 | 数学 |
| | 審査委員長賞 | 山形県南部におけるキタノメダカ（Oryzias sakaizumii）とミナミメダカ（Oryzias latipes）の生息域調査～日本の野生メダカの"今"を知る～ | 山形県立米沢興譲館高等学校 | 生物 |
| | | 「稲東家日記」の天候記述で江戸時代の気象を復元する | 学校法人池田学園　池田中学・高等学校 | 地学 |
| | | 定常波による水槽の重さの不思議 | 熊本県立宇土中学校・宇土高等学校 | 物理 |
| 2022<br>(令和4) | 文部科学大臣<br>表彰 | 風を味方に昆虫を誘う!?～ネジバナはなぜ花で螺旋を描くのか～ | 横浜市立横浜サイエンスフロンティア高等学校 | 生物 |
| | 科学技術振興<br>機構理事長賞 | 非 GNSS 下における位置測位システムの構築 | 栃木県立栃木高等学校 | 数学 |
| | | 人はブランコをどのようにこいでいるか～ブランコをこぐ運動の3つの物理モデル～ | 宮城県立古川黎明中学校・高等学校 | 物理 |
| | 審査委員長賞 | シーイングの変化とその評価方法 | 静岡県立清水東高等学校 | 地学 |
| | | PVA で迫る！BR 反応におけるデンプンの本当の役割 | 静岡市立高等学校 | 化学 |
| | | 脚の自切からみるザトウムシの生存戦略 | 鹿児島県立錦江湾高等学校 | 生物 |
| 2021<br>(令和3) | 文部科学大臣<br>表彰 | 校内サギソウ群落の送粉者の研究 | 学校法人奈良学園中学校・高等学校 | 生物 |
| | 科学技術振興<br>機構理事長賞 | 落ち葉に宇宙の神秘を見る | 長崎県立大村高等学校 | 物理 |
| | | 茶粕と鉄イオンを用いた光化学的水素製造法 | 学校法人静岡理工科大学静岡北中学校・高等学校 | 化学 |
| | 審査委員長賞 | 治水システムの構築 | 山梨県立甲府南高等学校 | 地学 |
| | | 卓球の試合データの可視化は可能か？データサイエンスに基づく新たな指標の提案 | 香川県立観音寺第一高等学校 | 数学 |
| | | 神奈川県三浦半島釼崎に生息する間隙性貝形虫の未記載種 | 東京都立科学技術高等学校 | 生物 |

　それでは，SSH 校では，どのような研究の取り組みがあり，高い評価を得ているのか。詳しくは文科省，JST，各学校の Web サイトで紹介されているので，そちらを参照願いたい。ここでは，近年の SSH 生徒研究発表会での受賞校と，その研究タイトルを表1に示す。

### 3.5.4　次世代人材育成事業

　これまで紹介した2002（平成14）年以降のSSHを始め，2004（平成16）年以降の科学技術コンテストの推進，2006（平成18）年以降の女子中高生の理系進路選択支援プログラム，2014（平成26）年以降のグローバルサイエンスキャンパス（GSC），さらには2017（平成29）年以降のジュニアドクター育成塾など，国は一連の次世代人材育成事業に取り組んでいる。2021，2022（令和3，4）年に限っても，それぞれ40億円近い予算が組まれている。

　この背景には，将来にわたり，日本が科学技術で世界をリードしていくためには，次代を担う才能豊かな子供たちを継続的，体系的に育成していくことが必要と認識されていることがある。そのため，初等中等教育段階から優れた素質を持つ児童生徒を発掘し，その才能を伸ばすための一貫した取り組みを推進するという目的のもとに進められている。これらを文科省は図3のように示している。

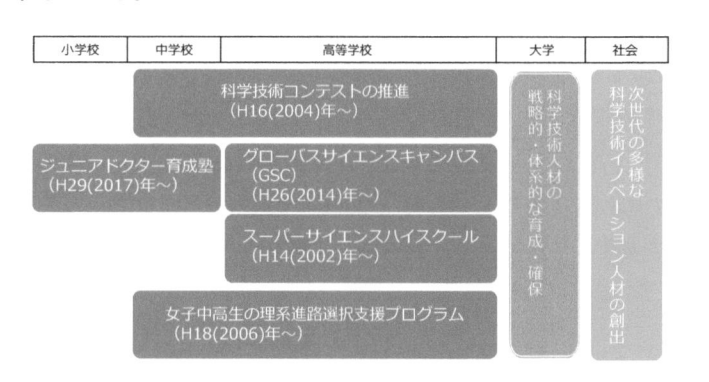

**図3　発達の段階に応じた次世代人材育成事業（文科省資料から作成）**

### 3.5.5　専門高校・高専での成果

　これまで，SSHのような，いわば科学技術のエリート育成事業とも言える次世代人材育成事業を紹介してきた。しかし，将来の日本の科学技術を考えると専門高校や高専などの教育機関の役割も重要である。

　SSH以上に知られていないのが専門高校かもしれない。そこで文科省は2020年に「DX社会でかがやく専門高校」のパンフレットを作成した。昨今

では，専門高校として，伝統的な工業科，農業科，水産科，商業科だけでなく，情報科，看護科，福祉科，家庭科なども設置されている。全国の高校生で専門高校に通うのは 18.1％ であり，そこから大学や専門学校などへの進学率も 44.2％ に達している。

　専門高校の特色としては，専門的な知識や技術の習得が目指されていること，そのため授業も実習や実験が多いこと，将来の就職に直接役立つ資格の取得が意図されていること，など普通科高校以上に STEAM 教育が展開されていると言えるだろう。その典型的な例として全国高等学校ロボット競技大会なども近年では注目されている。この競技会は文部科学省などが主催する高校生を対象にしたものであり，全国産業教育フェアの一環として行われ，工業高校からの参加が多い。

　また，高等教育機関としての高等専門学校（高専）も実践的・創造的技術者を養成することを目的として全国に国公私立合わせて 57 校設置されている。2020 年現在，全体で 53749 人の学生が学んでいる。高専の学科として，工業系には，機械工学科，電気工学科，電子制御工学科，情報工学科，物質工学科，建築学科，環境都市工学科などがある。また，商船学科，経営情報学科，情報デザイン学科，コミュニケーション情報学科，国際流通学科なども設置されている。

　高専の特色として，文科省は次の5つを挙げている。(1) 5年一貫教育，(2) 実験・実習を重視した専門教育，(3) ロボットコンテスト，プログラミングコンテスト，デザインコンペティション等の全国大会開催，(4) 卒業生には産業界からの高い評価，(5) 卒業後，さらに高度な技術教育を受けるための専攻科（2年間）を設置。これらは，いずれも STEAM 教育と大きく関わっている。

　専門高校から，継続して高い専門性を求めて大学に進学する場合もある。しかし，卒業後，進学や就職する際に，必ずしも培われた専門が活かせた進学先や職場とは限らない。高まる専門性への要望が企業等実社会から要望されているのであれば，今後，新たな制度設計の検討も求められる。

　一方，高専においては，最終年度に国立大学法人の工学部等に編入可能なシステムは以前より見られた。今日では，高専に接続した2年間の専攻科が

設置され，大学卒業と同様に学士が取得されるところも増えている。

### 3.5.6 日本における高等学校の課題

　中教審答申を始め，様々なところでこれからの高等学校の在り方として，STEAM教育の導入が期待されている。しかし，それらの記述はSSHを取り上げても，専門高校や同世代の専門学校の状況にはほとんど触れられていない。今後，世界を見据えた日本の科学技術振興に関する施策には教育が重要な意味を持つが，その高いレベルには一部の高校や大学だけが担うのでなく，同世代全体のレベルアップが不可欠である。その中で必然的に世界をリードする科学技術の構築が可能となる。これまで取り組まれてきた専門高校や高専の取り組みをSTEAM教育の視点から捉え直し，より充実した後期中等教育の在り方を教育界だけでなく，産業界からも考えることが不可欠であろう。正直なところ，有識者には専門高校・高専出身者や教育に携わってきた人が多いとは言えず，これらの教育機関の認識が弱い感も受ける。

　また，日本の教育制度の変遷を考えたとき，近代の学制による義務教育段階からの人材育成，師範学校の創設などの流れがあった。一方で国家中枢を担う人物を養成するために創られた帝国大学への旧制高等学校との連続性も見られた。これらは，言い換えればトップダウンの人材育成とボトムアップの人材育成の間に中等教育が存在していたとも言える。そのため，現在においても一口に「高等学校」と称しても，多様な資質・能力，興味・関心，適性・進路の生徒が在籍しており，共通して多感な生徒に対応するだけにSTEAM教育に限っても方向性は単純ではない。

### 3.5.7 これからの高等学校のSTEAM教育への期待

　これまで，日本の教育はいわゆる偏差値の高い高校へ，さらには偏差値の高い大学へ進学する生徒が優秀と見なされ，これが教育成果の目標とされるところがあったのも否定できない。日本の将来を担っていく高度な科学技術等に携わる人材の育成としても，このようなシステムだけで十分であるようにも考えられていた。

　近年は，VUCAの時代：Volatility（変動性）・Uncertainty（不確実性）・

Complexity（複雑性）・Ambiguity（曖昧性）と呼ばれる。ただ，現在に限らず，いつの時代でも科学，技術，社会の複雑な相互関係を踏まえながら，常にその中で教育の方向性が検討されたり，取り組まれたりしている。今後も一層，この状況が加速されることは容易に想像がつく。このような中，科学技術に関する人材育成についても多くの観点や視点からの切り口を持った取り組みが不可欠であるのは述べるまでもない。

　本書でも繰り返してきたように，理系の総合的なアプローチとしてのSTEM教育から，文系・理系の融合的，さらに教科だけでなく全教育活動と連動させたSTEAM教育の観点もこれからの教育活動には不可欠である。そもそも科学は幅広く，自然科学だけでなく，社会科学，人文科学も，すべて含まれている。「科学的な見方・考え方」は理系だけではない（そのため，現在の学校理科教育においても，「科学的な見方・考え方」でなく，「理科的な見方・考え方」という言葉が用いられている）。

　これまで，日本では，旧帝大や医学部等への入学実績が進路指導の中でも重視されていた。また，そのような大学の研究成果が日本の科学技術をリードし，生活を豊かにするとも考えられてきた。必然的に初等・中等教育もこの連続的な流れの中にあった印象はぬぐえない。しかし，近年の日本のノーベル賞受賞者も旧帝大出身者だけではない。STEAM教育の展開によって，裾野の広い研究活動が成果を上げることが期待される。

### 3.5.8　TEAMとしてのSTEAM教育

　高度化される科学技術の世界では，実際にSTEAMを展開する場面において個人のみで進めることは少ない。個人でSTEAMを理解しているのは当然としても，実際はTEAMで物事に取り組むことになる。例えば，医療技術等を想像すれば理解できるだろう。大規模な手術・治療時でも，医者，医療技術者，看護師など，多くのスタッフが役割を分担して実施する。

　よりわかりやすい例としては，家の建築も多くの専門家のTEAMによるSTEAMの取り組みである。科学的知見に裏付けられた地盤や土地の特徴及び家屋の材質の適性，重量等を考えた工学的な家の設計，正確な技術力を持った寸法による部材の組み合わせ，すべて綿密な計算など数字のデータで

検討される。住宅の購入の意思決定や購買者の住宅の構造や色彩までも含めて感じる見栄えの良さはアート以外何物でもない。さらには住宅の建設，販売側だけでなく，購入側としても資金や利率を考えたローンの組み立てまでもが数学を駆使することになる。ここでの住宅提供者（会社）は，建築工学などの高い知識を持った設計，実現が可能かどうかまでの数量計算，配管や地盤改良などの土木工学，様々な視点からのSTEAMが，融合しながらTEAMとして，住宅購入者に提供していると言って良いだろう。しかし，設計図通りに作成するには原料・道具の調達から，実際の現場に携わる大工の技術も不可欠である。ただ，近年は大工の数も激減し，人材確保の問題や工場組み立てにも頼らざるを得ないところもある。

**図4　STEAMを結集した建築中の木造住宅**

　一見矛盾した考えに思えるかもしれないが，今後は，一つのことに卓越したいわゆる「尖った人材」の育成も求められている。同時に依然として，一人の秀才や天才，一つの部門だけでは，世界水準でのSTEAMによる成果の実現には困難が伴うため，全体を見通しバランス感覚を備えた人材や組織の育成が必要であるのも事実である。将来を見据えた多様な人間の育成，そのための学校教育，特に教員の役割は重要な意味を持つ。

**文献**
　1）スーパーサイエンスハイスクール（SSH）支援事業の今後の方向性等に関する有識者会議　第二次報告書，令和3年7月5日

## 3.6 自然科学館等でのSTEAM教材の開発と実践

胸組虎胤

　STEAM教育に関係する自然科学博物館の起源は，①エクスプロラトリウム（Exploratorium）という科学博物館がハンズオン（hands-on）という言葉を使い始めたことに関係しているかもしれない。まず，アメリカのサンフランシスコにあるこの科学博物館について説明したい。次に，②鳴門教育大学の本節筆者（胸組）が，2020年度から徳島県の「あすたむらんど」で関わっているSTEAM関係講座（Sound of Science），③鳴門市に隣接する松茂町に開設されたマツシゲートで2021年度から始まった講座（STEAM学び隊）について紹介する。

### 3.6.1 アメリカで始まったハンズオン

　自然科学館等でのSTEAM教材の開発と実践に関連する内容は，実は1960年代からアメリカのサンフランシスコにある科学博物館で実施されていたと見ることもできる。アメリカのフランク・オッペンハイマーがサンフランシスコで1969年に創設した科学博物館（体験型科学博物館）エクスプロラトリウムでハンズオン（hands-on）という言葉が初めて使われたとされる。この言葉は博物館の中で展示物を見るだけでなく，それに触れて実際に体験することで自然現象を深く理解することを意味する。現在，日本も含め世界の科学博物館ではハンズオンタイプの展示が主流と見られるが，このエクスプロラトリウムで開始されたハンズオンタイプの展示が起源のようである。

　このようなハンズオンタイプの展示には，（a）自然現象を見て体験できる装置，（b）科学的説明，（c）体験方法の標記が見られた。入館者が実際に手に触れ，いろいろな角度から見て，聞いて感じることで自然現象を体験することを志向する展示である。そこでは単に教科書からでは学べない実際の自然現象の捉え方を，入館者が展示物の科学的説明，実体験に加え，自分の感性，美的センスを通じて学ぶことができる。扱った自然現象のテーマを科学的に説明するSとMの要素に加え，自分で感じて何かを作る気持ちをかき

立てる A と T，その仕組みに目を向ける E の要素が含まれていると見られる。

　また，2001 年に私がこの博物館を訪れて展示経路を歩いていると，何度もその裏側を見ることができた（見えてしまった）。そこはまさに工事現場のようであった。様々な製作機械が置かれており，展示会場の裏側では展示物にできる様々な教材が作られているようだった。展示物を恒常的に置いているだけでなく，その展示物を管理している人たちが常に改良を重ねて作り変えていた様に思われた。博物館の展示物のすぐ裏に，このような修理・生産の現場があることは効率的であり，博物館が E に基づいた工場的要素をもつことを表しているとも見える。

　パンフレットには次のような表記がなされていた（2001 年）。

"San Francisco's Museum of Science, Art, and Human Perception isn't like any other Museum you've ever visited."（科学とアートと人間知覚に関するサンフランシスコの博物館は，皆さんが訪れたことがあるどんな博物館とも異なっている）

　最初にこの科学博物館が創設された場所は，サンフランシスコの The Palace of Fine Arts（美術宮殿）であり，1915 年のパナマ太平洋万国博覧会の際に建てられた美術作品の展示場であった。2013 年 4 月に数 km 東の海岸沿いに移動しているが，展示内容など様々な開発と発信を継続し，Arts の側面を色濃く残している。現在も STEAM という用語の記述はなく，その説明もない（https://www.exploratorium.edu/explore）が，STEAM 的な内容を持っていることは明らかである。このサイトでは様々な展示物の紹介，教材，行事の紹介や科学現象の説明等，その掲載内容は多岐にわたっている。

### 3.6.2　講座 "Sound of Science" について

　この講座は，あすたむらんど徳島の徳島県子ども科学館（徳島県板野町）を会場として，NPO 法人科学技術ネットワーク徳島が中心となり実施した STEAM 関係の講座である。対象者はこの科学館を訪れた小中学生であり，事前募集を行って 10 名程度が参加した。講座の内容は徳島大学工学部　英

崇夫名誉教授（NPO 法人科学技術ネットワーク徳島理事長）が中心となって考案し実施した。2020 年末と 2021 年初めにかけて合計 4 回の講座を実施した。この講座の担当者は，本節筆者（補佐役として参加）も含め，この NPO に所属する大学関係の教員，科学館の職員の方々であった。通常，3，4 名が担当したが，英名誉教授の機械工学，筆者の化学と理科教育，他に物理学と天文学，音楽と音楽教育という異なる専門の大学教員が協力して実施した。さらに科学館職員の方も数名サポートしてくれた。

講座は音と振動についての物理学的理論と実験に加え，音を生み出す器具の創作と実験的演奏を組み合わせて実施した。受講生は音の波としての性質を横波と縦波（疎密波）として表し，実際に音叉を使って出した音を iPad で解析して音を波の形として画面に表示させ，強度と波長を計測した。真空中で発した音が聞こえない実験も行い，糸電話を使った実験も実施した。講座の最終回には，弦楽器を製作させて実際の音楽を演奏させた。

この講座の特徴は異なる分野の専門家が指導を担当して，音の基本的性質（音の 3 要素：音の高さ，音の大きさ，音色）を物理学的・数学的に示して説明し，その上で音をいくつかの観点で体験した後に解析した。最後にこれらのことを基礎に，受講者が音楽的に表現する方法を学び，自分で表現してもらった。

講座の担当者にとって，STEAM 教育を標榜した講座を実施するのは初めてであったので，STEAM 教育と言える条件を整えることをまず考えた。内容的には音楽という芸術的要素と科学的要素を両方持つ講座を目指したものであった。その上で，"音"という共通テーマに向けて異なる分野の専門家が協力して行った。これは，担当者の Multidisciplinary Integration（多分野的統合）の形として，STEAM 教育を表現したことになる。まずは，異なる専門の大学教員が協働して一つのテーマについて講座を実施できることが明らかとなった。さらに，講座の回数を重ねると，担当者間での協働と，音楽，数学，物理学的な概念の共有が進んだ。これは Interdisciplinary Integration（分野的連携的統合）の段階に上がったと捉えられる。

2021 年度も同様な実験講座を行った。いずれの年も，受講生が演奏するときには非常に楽しそうであったことが印象に残っている。2022 年度も同

様な講座が行われる。

### 3.6.3 STEAM 学び隊

2020 年 11 月に松茂町教育委員会から，STEAM 教育に関する講座についての提案があった。松茂町は鳴門市に隣接し，「徳島あわおどり空港」の所在地でもある。講座の会場であるマツシゲートは空港に隣接した地区にあり，地図上で滑走路に沿って引いた線の延長線上に位置している。野球場の跡地に建設された。敷地は高くて分厚いコンクリートの塀で囲まれ，緑地とその周りに店舗が営業できる場所，2 階建ての建物から構成されている。会場はこの 2 階の一室であった。STEAM 関係の様々な資材と装置が整備されることになっていた（図 1, 2）。

松茂町の教育委員会からの説明は，松茂町にある中学校 1 校と小学校 3 校で STEAM 教育を実施することについてであった。その後，マツシゲートを運営する松茂町と実際に営業に携わる会社との連携することができた。鳴門教育大学の教員が行う講座を松茂町の小中学校教員の方々に見学してもらうことで，STEAM 教育の一つの案を提示できた。

図1 松茂町のマツシゲートにある「STEAM 学び隊」実施会場の外側（建物の上にある鉄骨は飛行機の翼を模（かたど）っているように思われた。離陸着陸の際にはこの真上を飛行機が通過する）

図2 「STEAM 学び隊」実施会場の内側（2階の部屋ではそのまま使える正三角形の机から正六角形も作れた。プロジェクター用の大きなスクリーンも設置されていた）

筆者が鳴門教育大学内で知り合いの多分野の先生方に対して，STEAM 教育関係の講座を実施すること，その具体的な講座内容を考えてもらうことを

提案した。ここで，講座全体の中心的なテーマとして，「飛行場と飛行機」を示した。すでに述べたように松茂町は「徳島あわおどり空港」が置かれた自治体であり，松茂町と言えば「飛行場と飛行機」がシンボルであると考えたからである。しかし，飛行機というものだけを扱うのでなく，もう少し広く捉えて講座を設計してもらうようにした。つまり，飛行機の動きでもよいし，鳥でもロケットでもよいし，音を扱うとか，コンピューターのデータを利用した距離の測定などである。また，STEAMという教科横断的な形態を示すには単に専門分野の内容に留まらず，異なる専門分野の先生方が相棒になって講座を担当する方向性を示した。

これは先に「あすたむらんど」での講座について説明したMultidisciplinary Integrationの形態を目指したことと重なる。松茂町のSTEAM学び隊では，担当者間の連携がさらに進んで，Interdisciplinary Integrationの形になるとよいと考えたが，何しろ初めての試みであったので，まずは一つのテーマについて異なる専門分野の教員が実施することから始めた。

さらに連携が進んで，各専門分野の横断が加速する形態を，"From Buddy to Eddy"と名付けて講座担当の先生方に提案した。つまり，異分野の相棒"Buddy"が連携して，指導での内容的統合度が高まり，渦"Eddy"になることを目指した。渦"Eddy"はいわば「鳴門の渦潮」の掛詞であり，担当者のさらなる連携の深まりを表現した。

実際の講座募集のパンフレットを図3に，その内容を表1に示す。当初は6月から12月までの日曜日の2，3時間を使って講座を実施した。担当は主担当と副担当に振り分け，いわば相棒"Buddy"になってもらった。主担当の教員は講座のテーマを考案し，副担当は実施中にその講座での主担当の教員の指導を支援した。しかし，主担当と副担当の教員が話し合って，関連した内容を講義し，それぞれの具体的な内容を割り当てて実施した講座もあった。これらの講座の内容と担当者はパンフレットに記載されて松茂町の小中学校に配布された。

図3　松茂 STEAM 学び隊募集のパンフレット

表1　STEAM 学び隊での講座内容

| 月／日 | 講座テーマ | 主担当者（専門分野） | 副担当者（専門分野） |
|---|---|---|---|
| 6/13 | 新しい飛行機の形を考えよう | 内藤隆（美術デザイン） | 田村和之（物理学，天文学）<br>胸組虎胤（化学，理科教育） |
| 7/11 | シムとアシムと飛行機・手裏剣 | 胸組虎胤（化学，理科教育） | 阪東哲也（プログラミング教育） |
| 8/8 | 空を飛ぶ原理 | 田村和之（物理学，天文学） | 内藤隆（美術デザイン） |
| 8/22[a] | 徳島空港に着陸する飛行機の高度をもとめよう | 金児正史（算数・数学教育） | 曽根直人（技術科教育，ネットワークセキュリティー） |
| 9/12[a] | 超音波で距離を測ってみよう | 曽根直人（技術科教育，ネットワークセキュリティー） | 金児正史（算数・数学教育） |
| 10/10 | 安全に運ぶためには？ | 阪東哲也（プログラミング教育） | 胸組虎胤（化学，理科教育） |
| 11/14 | 音を知り音を創る！無電源スピーカー作りを通して学ぶ，音の性質，音の造形（1） | 山田芳明（美術科教育） | 阪東哲也（プログラミング教育） |
| 12/12 | 音を知り音を創る！無電源スピーカー作りを通して学ぶ，音の性質，音の造形（2） | 阪東哲也（プログラミング教育） | 山田芳明（美術科教育） |

a）12 月に変更

この表にある講座担当者の専門を比較すると分かるように，芸術関係の美術デザインの専門家である内藤隆先生と田村和之（宇宙物理学）と筆者（化学・理科教育）がグループになって指導したことから始まり，すべて異なる専門の大学教員が指導した。これらの講座ごとの内容説明は松茂町が発行したパンフレットに記載されている。

　講座の内容を一つ一つすべて説明することはできないが，筆者が担当した講座の内容を簡単に紹介する。講座の一つである「シムとアシムと飛行機・手裏剣」は，シムとアシムとは対称性 symmetric と非対称性 asymmetric を簡略化したものである。小学校 5，6 年生から中学校 3 年生まで 20 数名を対象に講座は次のように進めた。

(1) 飛行機と鳥の形を左右の対称性で表現した写真で考えさせた。

(2) 対称性を理解するために正多角形の左右対称性と回転軸を発見させる図を描かせた（図4）。対称線が引ければ折り紙を使って形を折ることができる。対称線とともに図形の中に含まれる回転軸の特徴に気づかせた。

(3) 折り紙を使って左手形と右手形の構造を作ってもらい，それを一人一組使って手裏剣を作らせた。手裏剣の飛ばし方に砲丸投げ的な方法を採用して（図5），受講者一人一人がスクリーンの前に出て投げ，飛距離を争った。ここで，受講者の

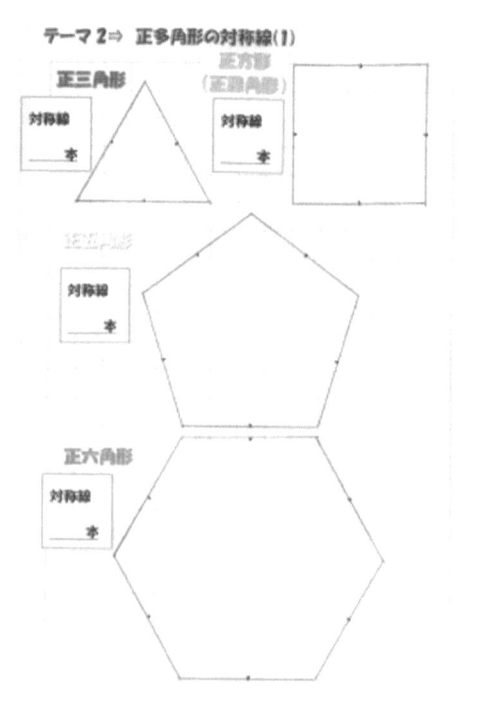

図4　対称線と対称軸を書かせたワークシート

使う折り紙より重い折り紙手裏剣と軽い折り紙手裏剣を事前準備し，筆者が軽いものを，阪東先生が重いものを投げて，受講者との飛行距離を比較させた。これらの重いものと軽いものとの飛行距離の違いを考えさせた。阪東先生の投げた手裏剣，受講者が投げた手裏剣，筆者が投げた手裏剣の重さを電子天秤で比較した。同じ表面積の手裏剣を用いた場合，重い手裏剣が遠くまで飛ぶことを数値で比較させた。

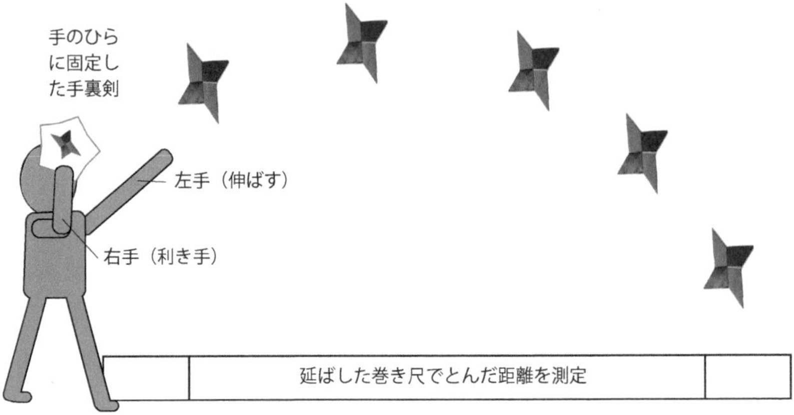

手のひら
に固定し
た手裏剣

左手（伸ばす）

右手（利き手）

延ばした巻き尺でとんだ距離を測定

**図5　折り紙の手裏剣を砲丸投げ式に飛ばす方法飛行距離測定**
　①利き手の手のひらに手裏剣を平らに固定する。
　②利き手で肩の上でささえ，利き手でない手を飛ばす方向に伸ばす。
　③手裏剣を固定した手を，伸ばした手の方向に押し出す。

(4) 以上のことを踏まえ，折り紙の鶴を途中まで折らせて，それを逆さにして「とんび」を作らせた（図6）。それを高くかざし，自然に落下させて

思い思いの回転や振動を見せるコンテストを全員の前で実施した。「とんび」を頭の上に持って行き，手を離すとゆったりと空気を受けながら落ちていく。2枚の羽，尾，頭部の形を変えることで，上から落とした際の動きの変えることができる。ここでは，対称性と空気抵抗に配慮した形をデザインを考える。

**図6　折り紙「とんび」**

これは，物体の対称性を理解した上でそれを利用した「とんび」の飛び方を創作させたことで，科学的数値的な理解とそれを用いた創作を結び付ける講座となった。最後の「とんび」の創作が始まると，すぐに，受講者が互いに集まって話し合いながら自分の作品を作り始めた。今後は，創造性がどの程度高まったかを質的に，数値的に示せる評価方法を用いていきたいと考える。また，講座担当者間では，互いに異なる重さの手裏剣を投げる役割を演じたこと，飛行距離測定の役割分担も含め，講義と資料配付でのプロジェクター使用等についてうまく連携できた。この講座を実施した地域は，山と海に挟まれていることもあって，空を見上げると，鳥のとんびが空高く悠々と舞っている姿が頻繁に見られる。子供たちにとっては身近な風景である。

また，小中学校の教員が，異分野の大学教員間での連携を毎回見学に来てくれた。学校現場での教員間連携の形を提示できたかもしれない。

ここで示した松茂STEAM学び隊という講座以外に，マツシゲートではSTEAM教育に関連した様々な機器や資材が整った研究室的な部屋が揃っている。そこには，文房具以外にも3Dプリンター，タブレットコンピューター，工作器具などが様々準備されている。また，動作をプログラムできるKOOVという組み立て式ロボットもいくつも準備されているので，この会場での講座に使用できた。さらに，いくつかのSTEAM教育関係の講座が開設されている。

今後，松茂町のマツシゲートを中心に始まったSTEAM教育の波が徳島県全体に広がり，子供たちの創造性を伸ばしていける教育環境が形成されることを期待したい。

**文献**

1) 仙波愛，小川正賢，フランク・オッペンハイマーの生涯とその思想形成―エクスプロラトリウム設立の背景に関する一考察―，科学教育研究，第25巻，69–80，2001
2) エクスプロラトリウムのパンフレット，2001
3) アメリカ合衆国カリフォルニア州サンフランシスコにあるエクスプロラトリウムのホームページ（https://www.exploratorium.edu/explore）
4) あすたむらんど徳島子ども科学館のホームページ（https://asutamuland.jp/instits/science-museum/）
5) マツシゲートのホームページ（https://matsushigate.or.jp/）

## 3.7 理科教材会社におけるSTEAM教材開発の動向と展望

中村友香

### 3.7.1 STEMとの出会い

　筆者が代表取締役を務める株式会社ナリカでは，STEAMとは，Science, Technology, Engineering, Art, Mathを基盤として，一つの課題を複数の教科の視点から考え学ぶものであると考え開発を進めている。筆者が初めてSTEMの文字を見たのは2000年代中盤，アメリカの理科教育学会NSTA（現National Science Teaching Association）であったと記憶している。NSTAは広大な展示会場で開催され，学会発表やセミナー会場の他に理科教育・教材に関わる企業や団体がブースを出展しており，弊社は1984年からコロナ禍前の2019年まで連年で出展している。

　その会場で目にしたのがSTEMだった。そして，そしてそれはアメリカ軍の出展ブースであった。以前から会場内では，理科の学会であるにもかかわらずアメリカ軍への勧誘ブースが設けられていた。たいていは会場の隅の方に設営されていたが，STEMに至っては勧誘ブースの扱いとは違い，比較的中央に出展していたことを記憶している。聞きなじみのない単語であったこと，また軍の名前で出展していることに驚き，説明を求めると「アメリカ軍で開発された教育メソッドである」との回答であった。軍が教育に関わり，提唱するということに私は違和感を覚えたが，S・T・E・Mの頭文字を持つ関連しあう4教科が連携し合い，各教科で得た知識を他教科に活かし学ぶものであると聞き大変興味を持った。

　数年のうちに会場内ではSTEMをテーマにした発表や展示ブースが格段に増え，さらにはSTEMに特化したSTEM Forum & EXPOという大会がスピンアウトしたほどである。STEMはいつしかSTEAMに進化しさらに会場内の話題を席巻しているように思えた。そして，いかにアメリカの理科教育においてセンセーショナルであるかを肌で感じた。

　後にNGSS（Next Generation Science Standards）が掲げられたが，全米共通の指導要領の代わりとなる標準がなかった当時の会場は，熱に浮かされているような雰囲気もあり，弊社ブースを来訪された先生方からは単刀直入

に「STEAMで使えるナリカの教材はないか？」と問われることもあった。かたや，STEAMに懐疑的な先生方も一定数見受けられ，「STEAMとScienceは別物である」という距離をおいたような意見もあり，STEAMがすべての先生方に受け入れられている訳ではないということも感じた。

図1　NSTA会場の様子

### 3.7.2　日本におけるSTEAMの動向とナリカの提案

　2008年に告示された学習指導要領の小学校課程は「風とゴムの力」や「電気の利用」などの「ものづくり」の要素を含むSTEAMにつながるような内容が加わり，新しい理科教育を予感させるものであった。授業中に何度も条件を変えて実験するTry & Errorの要素が重要であり，子供たちの発想を自由に試せることが非常に魅力的な学習になると考え，弊社では「風とゴムの力」と「電気の利用」に向けて以下の製品の開発・提案に注力した。
① 「風とゴムの力」
　学校向けに最も力を入れて弊社が提案したのは，LEGO EducationのS&T（Science & Technology）というSTEAMを主眼に置いた製品である。風やゴムの力で動く車が作成できるだけでなく，ギア比などの工学的な内容も学べるセットだ。見本通りに車を作るお仕着せの製品ではなく，レゴブロックを用いて自由な発想で児童自らが設計し，躯体から組み上げる製品である。この単元では児童たちが協力しながら車を作り，風やゴムの力を利用

して車を動かし，最終的には最長到達距離を競うレースで授業を締めくくる学級が多いと推察する。児童たちは何度も話し合いながら試作機を作る。車の設計を変えていく過程において，レゴブロックを活用する利点が生まれてくる。ブロックの数を増減したり，ブロックの位置を動かしたりするだけで数ミリ，数センチ単位のわずかな設計変更も可能になる。また，セットに入っているブロックのみを使用するので，車の作成に使用する部材の統一性が図れる。同じ素材のみを使うという条件下での工夫を見ることができるので，お互いの創意工夫を認めることができる。

**図2　S&T を活用した出前授業の様子**

② 「電気の利用」

　この単元が新設されたことで，小学校においても手回し発電機ゼネコンを使う授業が始まった。手回し発電機ゼネコンは 1981 年の発売以来，弊社の主力製品として日本のみならず広く海外でも販売している教材である。その名の通りハンドルを手で回して，ギアを介してモーターの軸を回転させ発電する教材であり，発電負荷を実験者自身が体感できるのが特徴である。ハンドルを回す速度を変えれば，電圧も変化するという本製品の特性が STEAM 要素の学習に寄与すると予想し，小学校向けのゼネコン V3 の開発に踏み切った。ゼネコン V3 は最大出力電圧を約 3 V に設定しているが，これには理由がある。小学校理科で多く使われている豆電球を有効活用するためである。小学校向けに普及している豆電球は定格 1.5 V から 2.5 V のものが多い。

ゼネコン V3 以前に弊社が開発した製品（ゼネコン DUE）の電圧は 12 V であり，当該単元の学習用としては電圧が高過ぎたことが改善理由である。

　また，ゼネコン V3 との組み合わせで使う付属品は，ボードなどに貼り付けられた一体型にはせず，敢えて小さな部品を単体で揃えた。LED 電球やコンデンサーには，配線を施し納品後すぐに使えるような製品とした。当該単元の目的である発電・蓄電・省エネルギーについて理解するために，児童が自らの手で付属品を選び，組み合わせを考えて実験できるセット内容を目指した。

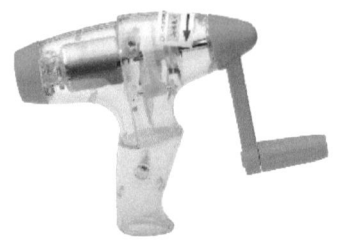

**図 3　手回し発電機ゼネコン V3**

### 3.7.3　社会問題の解決に役立てるシリーズ

　2019 年には，社会問題の解決に役立てるシリーズの販売を開始した。社会問題について考えるとき，STEAM の要素が切っても切り離せないものであると考える。弊社では，単に実験機器を提供するだけでなく，教科横断的なストーリーを重視し単元学習を意識した製品作りに注力している。

　代表的な製品として，「プログラミング教材災害（防災）学習セット LT」，「電気の需要と供給」，「SEPUP シリーズ」の 3 点が挙げられる。「プログラミング教材災害（防災）学習セット LT」は，小学校 5 年生「流れる水の働きと大地のつくり」の発展学習教材として開発された。LEGO Education の WeDo2.0 を活用して川の水量の変化によって自動で開閉する水門を作り，水害をいかにして防ぐかについて学ぶ教材である。

　「電気の需要と供給」は，小学校 6 年生「電気の利用」の発展学習として，家庭で使われる電気，そして社会インフラで使われている電気について，手

回し発電機ゼネコンと家庭や街を模したボードを活用して実験する。

「SEPUP シリーズ」は，カリフォルニア大学バークレー校で開発された学習プログラムを日本向けにアレンジしたシリーズである。日常生活で直面する社会問題をテーマにし，科学的に考える力・解決する力を養成する内容になっている。

いずれも正解が一つではない社会問題について考える内容となっている。数々の調査結果からは，「学習者が今学んでいる内容と実社会とのつながりを理解できずにいる」という傾向が見受けられるが，上記の製品シリーズが効果的な学習の一助になればと考えている。

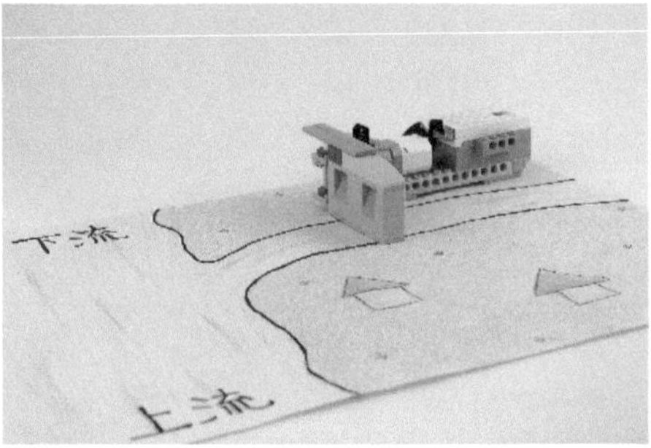

**図4　プログラミング教材災害（防災）学習セット LT**

### 3.7.4　プログラミング教育

2019 年に始まった GIGA スクール構想により PC 端末が小中学校に配備された。2020 年よりプログラミング教育が必修化されたことも相俟って，学び方や学ぶ手段が変わっていくものと期待されている。

小学校理科では，6 年生「電気の利用」でプログラミングを導入することが推奨されている。教科書では，(1) 発電する，(2) 発電した電気を無駄にならないように蓄電，(3) コンピューターで制御することにより電気をさらに無駄にしない，(4) その結果として省エネルギーが実現する，という内容の実験が採用された。弊社では LEGO Education の WeDo2.0 や Spike ベーシックを採用し，既習事項である電気回路の形状を意識した製品デザインと

した。児童が，レゴブロックで組み上げるコンセプトとなっており，まずは自分たちが作ったモデルが電気回路として成立しているかを確認することができる。次にコンピューターで制御することにより，更なる省エネルギーを実現するために，センサーが活用できるようなプログラムを組む。人が近づくと明かりが点灯し，遠ざかると消える内容である。児童たちは，どのくらいの距離でセンサーを感知させるのが適切か，予想を立てた上で話し合いながらデザインしていく。弊社は，この製品でも Try & Error の要素を重視している。

この製品を使った授業を度々見学させていただいたが，個々のセンサーが活用されている場面を児童たちが想像して現実社会とのつながりを感じながら授業に取り組んでいる姿を見ることができた。また，人間がセンサーから遠ざかってからどの位の時間が経過してから消灯させるべきかを議論したり，センサーが感知後には光だけでなく音も出る機能も備えられるように何度も何度も工夫したりする班もあり，この製品が子供たちの学びに貢献できた手ごたえを感じた。

日本の理科教育史上初めてプログラミングが理科授業に導入されることになった。弊社は，3年生から系統的に学んできた電気の単元を復習しながら学べるような内容の指導案をつけて販売することとした。海外のプログラミング教材が，指導案を付属して販売されているということも，この決断に至った理由の一つである。

プログラミングに関連する製品についても，海外展示会では2000年代初頭から頻繁に目にするようになっていた。弊社の海外のパートナーからは，「日本と言えばハイテクのイメージだが，なぜ日本にはプログラミングについての授業がないのか？」と言われ続けてきた。他国がプログラミング教育を急速に進めて行く中で，日本の子供たちが取り残されてしまうような焦燥感が常にあった。そんな思いを抱いていた弊社からすれば，満を持してのプログラミング教育実践開始である。理科屋ナリカとしては何としてもこの単元をすべての先生方に実践していただきたい。また電子機器に囲まれて育っている子供たちには，すでにプログラミング教育が始まっている他国の子供たちと同様に学んでもらいたいという強い想いから，日本の先生方向けの無

料の講習会を毎月3回程度オンラインで開催している。録画ではなく，毎回ライブ配信なので，ご意見やお困りごとは是非とも直接お聞かせいただき，授業のお役に立ちたいと切に願っているものである。

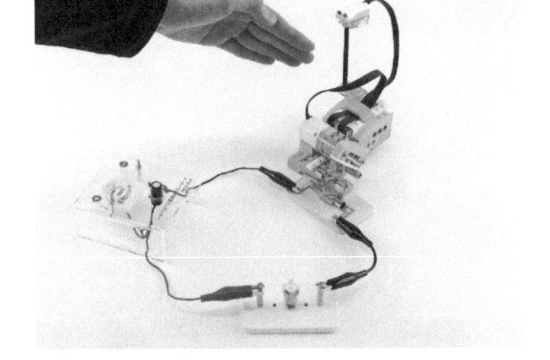

図5　電気の利用プログラミング学習セット WeDo2.0

### 3.7.5　教科横断型教材「宇宙エレベーター」

　現在直面している課題だけでなく，未来，そして宇宙に向けた製品「宇宙エレベーターロボットキット」も手掛けている。この製品では，近い将来宇宙への移動・輸送手段をロケットなどに頼らず，人工衛星と宇宙ステーションと地球をエレベーターでつなぐ宇宙エレベーター構想を題材に，LEGO Education の Mind Storm EV3 や Spike prime を活用してプログラミング制御で昇降するエレベーター「クライマー」を制作する。地上5 m の高さに設置された宇宙ステーションモデルと地上の間を，幅25 mm の化学繊維でできているベルトである「テザー」を伝って人や物資に模したピンポン玉を運び昇降させる。安定した地上の走行と異なり，重力に逆らってテザーを昇降させるには数々の課題を克服する必要があるため，そのための試行錯誤をする過程で問題解決能力を養うことを目的とした製品である。この製品は，理科や技術，情報といった教科の枠を超えており，まさにSTEAM 教材である。「Science」では重力や摩擦が，「Technology」ではエネルギー効率，

「Engineering」では機構的課題，「Art」では動かしやすい形，「Math」では質量など，各分野に跨った課題がある。また，宇宙ステーションと地球を安定して宇宙エレベーターでつなぐには，地上基地はどこへ設置するのが良いかを考える地理的，気象的な課題や，宇宙エレベーターを安全に活用するために検討すべき，地上基地候補地近隣の治安や政治情勢に関する課題についても考察するような発展が可能である。中学校英語の教科書の中には宇宙エレベーターについて読解する単元を有するものもあることからも，理系文系などの分野を問わず複数の教科と関連して学ぶことができる。

　この製品ユーザーの集いが現在では，宇宙エレベーターロボット競技会に発展している。2021年には第9回大会が開催され，延べ879チーム，3050人が参加している。

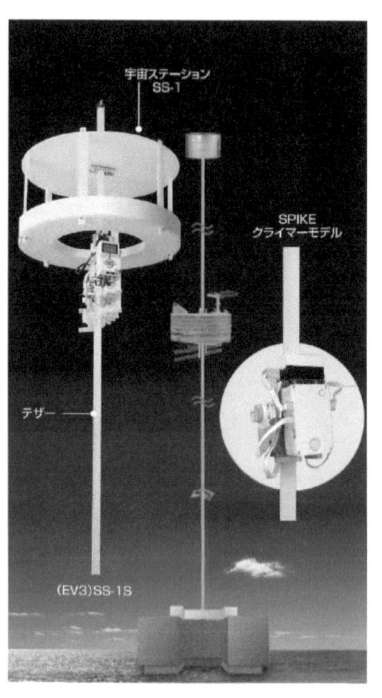

**図6　宇宙エレベーター探究学習セット**

### 3.7.6　理科教材会社として STEAM 教材開発の展望

　複雑化する社会を生きていく子どもたちには，玉石混交の情報の中から正しい情報をつかみ取り，問題解決する力が今まで以上に求められる。ともすると，配備された PC 端末の活用と銘打って映像を見るにとどまる授業があるのではないかと危惧している。PC 端末は，あくまでも観察・実験に活用する道具であり，考えや活動を助けるものである。自らが考え，選択し，行動に移すためには，複数の教科から得られた知識とともに，児童・生徒自身が手を動かす実験の体験は不可欠である。探究学習へと学び方がシフトした今だからこそ，弊社では観察・実験などの体験を重視し，一つの課題を複数の教科の視点から考え学ぶ教材の開発を進めていく。学習指導要領に定められている内容の観察・実験はもとより，前掲の宇宙エレベーターのように，理系科目のみならず文系科目とも連携できるような教材を模索していきたい。

　令和5年6月16日，第4期の「教育振興基本計画」が閣議決定された。教育振興基本計画は，教育基本法に示された理念の実現と，日本の教育振興に関する施策の総合的・計画的な推進を図るため，国として策定する計画である。第4期計画には，STEAM 教育や文理融合型の教育をはじめ，SDGs，ESD や DX，GIGA スクールなど，これからの教育について記されている。

　「今後の教育政策に関する基本的な方針」として，「①グローバル化する社会の持続的な発展に向けて学び続ける人材の育成」「②誰一人取り残されず，全ての人の可能性を引き出す共生社会の実現に向けた教育の推進」など5項目が挙げられており，①では「探究・STEAM 教育，文理横断・文理融合教育等を推進」と明確に示されている。計画では，今後5年間の教育政策の目標16と基本施策が記され，STEAM 教育の具体的な内容が示されている。

　まず，「目標1　確かな学力の育成，幅広い知識と教養・専門的能力・職業実践力の育成」の基本施策「高等学校教育改革」として，「社会に開かれた教育課程」の実現に向けて，普通科改革や探究・STEAM 教育，先進的なグローバル・理数系教育，産業界と一体となった，外部リソースも活用した実践的な教育等を通じて，各高等学校の特色化・魅力化を促進し，生徒の学習意欲を喚起するとともに，地域，高等教育機関，行政機関等との連携を推進する。」とされている。また，「目標5　イノベーションを担う人材育成」の基本施策「探究・STEAM 教育の充実」として，「学習指導要領を踏まえ，児童生徒が主体的に課題を自ら発見し，多様な人と協働しながら課題を解決する探究学習や STEAM 教育等の教科等横断的な学習の充実を図る。」「『社会に開かれた教育課程』の実現に向けて，普通科改革や先進的なグローバル・理数系教育，産業界と一体となった実践的な教育等を始めとした高等学校改革を通じて，地域，高等教育機関，行政機関等との連携を推進する。」「生徒の探究力の育成に資する取組を充実・強化するため，先進的な理数教育を行う高等学校等を支援するとともに，その成果の普及を図る。」「探究・STEAM・アントレプレナーシップ教育を支える企業や大学，研究機関等と学校・子供をつなぐプラットフォームの構築や，日本科学未来館やサイエンスアゴラ等の対話・協働の場等を活用した STEAM 機能強化や地域展開等を推進する。」と示されている。以上のように STEAM 教育への期待は高い。

# 終わりに

　本書でも紹介したようにSTEAM教育を巡っては経済産業界からも期待が大きい。日常生活でもSTEAMは浸透しつつあり，これからの学校教育の中での取り扱いは不可欠であることは多くの人たちも理解できるだろう。

　ただ，学校では一人一台の端末を用いて，GIGAスクール構想やICT教育を進めることに，様々な課題と困惑を感じている。小学校から高等学校まで共通する課題もあれば，発達の段階に応じた校種の課題も見られる。まずは，物的な環境の整備である。学校ごと，家庭ごとにインターネット環境は必ずしも同じとは言えず，使用するソフトや教材など，それらの購入についても差がある。また，人的な環境の問題も存在する。ICTについての取り扱い知識，技能は教える側の教員だけでなく，学ぶ側の子どもたちについても大きな差がある。さらには時間の設定である。STEAM教育をどの時間で取り扱うかが，常に新たな教育を学校で展開する時につきまとう。

　本書では，STEAM教育とは何か，具体的にどのように実施していくか，を検討した。例えば小学校では，中学校では，何をどのように取り扱えばよいかを実践例から考察した。科学技術の開発や在り方は社会の中での要望や葛藤とも大きく関わっている。これまでは，教員側の態度としては，正解が明確であるものだけを取り上げたり，社会の中でも結論が出ていないことは取り扱ったりしないことが一般的であった。しかし，これからの社会では，資源・エネルギーや環境問題，防災・減災等の課題，感染症への対応など，予測・予知できないものについても意思決定が求められるようになっている。従来の教育目的や指導方法，評価などが確立した，教科の枠組み内だけで解決する学習方法は依然として重要であっても，それだけでは先行き不透明なVUCAの時代に対応する資質・能力の育成に限界が認められてきた。そのために，あらゆる教科等を連動させた教育活動が重要となる。その方法の一つがカリキュラム・マネジメントとも言える。

　さらに，新たな時代での「生きる力」の育成には学校や教員だけでは限界がある。今日，科学館や自然系博物館などの社会教育施設では，体験型，問

題発見型の学習プログラムも準備されている。学校や地域との連携，協働は「主体的で対話的で深い学び」の方法としては不可欠である。そのような事例についても本書では紹介した。また，STEAM教育を進めるにあたっては教材そのものの開発も重要である。そこで，本書では，日本でSTEAM教育が注目される前から，海外のSTEM教育の動向を注視し，教材開発を進めてきた企業からの視点も掲載した。その開発された教材を用いた小学校の実践例も本書では紹介している。自然災害に対する防災・減災は今日，切実な課題である。特に気候変動の影響を受けて，集中豪雨は頻発している。自然災害に対して，住民の命や財産を守るために最新の科学技術が導入されている。そこにもSTEAM教育の視点の重要性があり，小学校でのプログラミング教育の先駆的な取り組みも示すことができた。

　自然現象に災害と恩恵の両面があるのと同様に，科学技術の発展にも恩恵と災害の二面性があることを痛感する。見方によれば，自然現象とSTEMは同次元にあると言え，地震・噴火・豪雨などの自然現象は，人間の存在や開発等によって大規模な災害となる。同様に，科学・技術・工学・数学の総合的な開発によって，過去には公害問題，現在においても高い殺傷能力を持つ軍事兵器，国内では先の見えない福島第一原子力発電所事故の廃炉，様々な課題も存在する。

　今後，科学技術が進めば進むほど，その社会に与える影響もプラス面だけでなく，マイナス面も大きくなる。人類の滅亡さえ懸念されることがある。実際，核兵器の使用がないとしても，近代兵器による破壊力の凄まじさはロシアのウクライナ侵攻の状況を見ても明確である。STEAMに望まれるAの内容として，芸術性，感性，道徳・倫理まで連動することに強く期待する。

　本書の執筆，編集にあたっては，多くの研究者，教育実践者，企業の方々にご教示をいただいた。また，刊行にあたっては，講談社サイエンティフィク大塚部長に大変お世話になった。ここに深謝します。

2022（令和4）年　STEAM教育が世界の平和に貢献することを願って

藤岡達也

# 索　引

p.29, p.86, p.113, p.175 イラスト：とーふねこ / PIXTA（ピクスタ）

## 編著者紹介

藤岡 達也
（ふじおか たつや）

滋賀大学大学院教育学研究科 教授。

東北大学災害科学国際研究所客員教授，大阪府教育委員会・大阪府教育センター指導主事，上越教育大学大学院学校教育学研究科教授（附属中学校長兼任）等を経て現職に至る。

大阪府立大学大学院人間文化学研究科博士後期課程修了。博士（学術）。

専門は防災・減災教育，科学教育，環境教育・ESD 等。

著書 「知識とスキルがアップする小学校教員と教育学部生のための理科授業の理論と実践」「一億人の SDGs と環境問題」「絵でわかる日本列島の地震・噴火・異常気象」「絵でわかる日本列島の地形・地質・岩石」「絵でわかる世界の地形・岩石・絶景」（講談社），「持続可能な社会をつくる防災教育」「環境教育からみた自然災害・自然景観」（協同出版），「環境教育と地域観光資源」（学文社）等多数。

NDC375　188p　21cm

**よくわかる STEAM 教育の基礎と実例**
（きょういく）（きそ）（じつれい）

2022 年 12 月 13 日　第 1 刷発行
2024 年 2 月 16 日　第 2 刷発行

| | |
|---|---|
| 編著者 | 藤岡　達也（ふじおか たつや） |
| 発行者 | 森田　浩章 |
| 発行所 | 株式会社　講談社 |
| | 〒 112-8001　東京都文京区音羽 2-12-21 |
| | 販売　　（03）5395-4415 |
| | 業務　　（03）5395-3615 |
| 編集 | 株式会社　講談社サイエンティフィク |
| | 代表　堀越　俊一 |
| | 〒 162-0825　東京都新宿区神楽坂 2-14　ノービィビル |
| | 編集　　（03）3235-3701 |
| 本文データ制作 | 株式会社　双文社印刷 |
| 印刷・製本 | 株式会社　ＫＰＳプロダクツ |

KODANSHA